Chère Anne-Marie ♡ !

Que la barque des mots
vous entraîne tout doucement
vers les belles rives de la
paix intérieure.

La chemise de l'écrivain

Marilou
30 sept. 2017

Catalogage avant publication de Bibliothèque et Archives nationales du Québec et Bibliothèque et Archives Canada

Brousseau, Marilou

La chemise de l'écrivain

ISBN 978-2-89436-390-4

1. Réalisation de soi. 2. Brousseau, Marilou. 3. Bach, Richard. I. Titre.

BF637.S4B76 2013   158.1   C2013-940319-1

Nous reconnaissons l'aide financière du gouvernement du Canada par l'entremise du Fonds du livre du Canada (FLC) pour nos activités d'édition.

Nous remercions la Société de développement des entreprises culturelles du Québec (SODEC) pour son appui à notre programme de publication.

Gouvernement du Québec – Programme de crédit d'impôt pour l'édition de livres – Gestion SODEC – www.sodec.gouv.qc.ca

Crédit de la photo de l'auteure : Jocelyne Sagala
Infographie de la couverture et mise en pages : Marjorie Patry
Correction d'épreuves : Michèle Blais

Éditeur :   Les Éditions Le Dauphin Blanc inc.
Complexe Lebourgneuf, bureau 125
825, boulevard Lebourgneuf
Québec (Québec) G2J 0B9 CANADA
Tél. : 418 845-4045   Téléc. : 418 845-1933
Courriel : info@dauphinblanc.com
Site Web : www.dauphinblanc.com

ISBN : 978-2-89436-390-4

Dépôt légal : 2ᵉ trimestre 2013
Bibliothèque nationale du Québec
Bibliothèque et Archives du Canada

Imprimé au Canada

Limites de responsabilité

L'auteure et l'éditeur ne revendiquent ni ne garantissent l'exactitude, le caractère applicable et approprié ou l'exhaustivité du contenu de ce programme. Ils déclinent toute responsabilité, expresse ou implicite, quelle qu'elle soit.

Marilou Brousseau

La chemise de l'écrivain

Le Dauphin Blanc

À Richard Bach, goéland de vie et de liberté.

Les paroles du personnage « Samuel Flores » ne sont pas celles de l'écrivain Richard Bach, mais bien de l'auteure.

Remerciements

M
a vive reconnaissance va aux personnes ayant gravité autour de cette publication. Chacune d'elles, à la ligne d'arrivée ou tout près, a lu « une partie » de mon manuscrit. À part Del-fils et Sam, dont les professions exigent l'anonymat, les voici donc :

À ma fille Diane, désormais une superbe *auteure*, tu magnifies mon existence et celle des autres par ta présence profondément humaine, élégante et si douce.

À mon grand ami, Gilles Tibo, écrivain jeunesse, pour les complicités, les partages harmonieux et rieurs, ainsi que la psychologie et la psychanalyse réinventées quelque part sur le Plateau Mont-Royal. J'ai hâte que tu me parles de la deuxième étape…, après la perfection.

À Michel Laverdière, noble de cœur... Avec toi, tout se transcende, se conscientise et se concrétise. Tu es unique, en plus d'être un auteur remarquable. Namasté !

À Fecto, ma bédéiste préférée. Bonheur, bonheur, bonheur que nos rencontres (trop rares) et nos conversations téléphoniques (ponctuelles) sur la vie et la créativité… On ne lâche pas ! Bzzzzzzz…

À Sylvie Lauzon, directrice de la *Fondation les petits trésors*, écrivaine et journaliste, pour ta générosité, ta grandeur d'âme, ton énergie communicative, la beauté de ton être…

À Katia Canciani : « sœur de cœur, d'air, d'eau, de plumes... », pour l'amour réciproque de l'aéronautique, de la mer, de la littérature... Oui, oui j'accepte ton offre ; tu seras ma première instructrice de vol...

À Julie Niquette, chroniqueuse littéraire, petit « rayon de lune », pour la pureté de ton être. Continue de rayonner ta passion des mots. Tu es belle, belle, belle...

À Vital Côté, qui m'a si élégamment permis d'utiliser son prénom pour un de mes personnages. Biou, biou...

À mon éditeur et ami Alain Williamson, parce que tu sais voir au-delà, au-devant, au-dedans », et pour les fous rires. Oh que si ! Ces fous rires cadeaux à ne plus savoir s'ils s'arrêteront... On y arrive. Ouf ! Merci pour ta confiance et ta patience : neuf ans, c'est loooong.

À vous tous et toutes, des Éditions Le Dauphin Blanc. Quel plaisir de collaborer avec vous ! Quelle douceur ! Quelle complicité ! Sonia Marois, Jenny Verreault, Marjorie Patry, Marie-Chantal Martineau, Patrick Fortin, ainsi que les autres personnes que je ne connais pas œuvrant dans l'ombre : simplement MERCI !

À Del-fils, tu as toute ma considération et mon respect. C'est acquis à vie, ne te pose jamais la question. Que dire de plus sinon, MERCI pour ta générosité sans conteste et les escapades que tu me permets de vivre à la campagne, entre autres pour écrire et corriger mes textes.

MERCI à toi, Sam – incluant nécessairement ton « alter ego ». Sans toi, je n'aurais pu élaborer cet ouvrage avec une pareille profondeur. Il constitue la somme des compréhensions apprises et affinées lors de nos partages et même, au cours de nos différends et de nos réconciliations. Merci d'être là. Tu déposes en moi l'espoir d'une vie plus belle et enracinée. Quel présent inestimable !

En terminant, je ne peux passer sous silence deux personnes importantes ayant contribué à la réalisation de mon rêve : un merci spécial à Michel Ferron, complice de la première heure dans cette aventure avec Richard Bach, ainsi que Denise Hamel, deuxième complice, certes dans l'ombre, mais des plus convaincantes.

Note de l'auteure

Pendant près de neuf ans, un de mes éditeurs, Alain Williamson, fervent admirateur de Richard Bach – ancien pilote de l'armée de l'air américaine et figure de proue de la littérature spirituelle dans le monde –, n'a eu de cesse de m'inviter à écrire l'histoire de ma rencontre avec cet écrivain et de l'amitié qui découla de nos partages ultérieurs. Quelle patience! Quelle détermination! Malgré la force de ses arguments et même s'il ajoutait, avec diplomatie : « Peu importe où tu l'éditeras, Marilou, l'important c'est de lire un jour cette expérience sur papier », ma réponse demeurait inchangée.

Trois mois avant l'écrasement de l'avion de Richard Bach, dans l'état de Washington, Alain et moi étions attablés dans un petit restaurant français de Montréal, à converser sur le milieu de l'édition et sur nos projets communs. Sans étonnement, pour la énième fois, il me réitéra sa demande. Par pur automatisme, je lui offris mon sempiternel « non ». Pourquoi partager, même sous une forme romancée, ce qui s'avérait de nature confidentielle? Durant le repas, alors qu'il me parlait d'un sujet complètement différent, une étrange, mais persistante impulsion, me poussa vers une nouvelle option. Un « oui » émergea des profondeurs de mon être, me rendant aussi surprise et médusée qu'Alain. De saisissement, nos yeux s'embuèrent…

L'émotion passée, je lui déclarai sans détour : « Si je l'écris, j'aimerais qu'il soit publié à ta maison d'édition. Après toutes ces années, je crois qu'il te revient de droit. Qu'en penses-tu? »

Nul besoin de vous mentionner sa réponse…

Malgré cet instant touchant et marquant, je ne comprenais pas pourquoi j'accordais tout à coup mon consentement à Alain. Aucune raison sensée ne parvenait à expliquer ma volte-face subite. Non. Rien de sensé.

Quelques jours plus tard, le contrat signé, je commençais la rédaction de mon manuscrit, avec le consentement écrit de Richard Bach. Des semaines et des mois passèrent... Au moment d'aborder le troisième chapitre, j'appris la nouvelle de son terrible accident. À quelques kilomètres de l'aéroport Harbor, dans l'état de Washington, son appareil avait heurté des fils électriques et piqué du nez, s'écrasant lourdement sur un terrain bordé d'arbres. Les médias parlaient de lésions cérébrales sévères et de blessures graves tant à la poitrine qu'à la colonne vertébrale. Pire encore, il se retrouvait dans un sommeil comateux à l'hôpital de Seattle, planant quelque part entre ciel et terre.

Richard Bach mourrait-il des conséquences de cette épreuve tragique? Je déniais cette éventualité. Même lorsqu'il reposait dans un état jugé des plus critiques à l'unité des soins intensifs de l'hôpital Harborview de Seattle, quelque chose en moi refusait cette perspective. Certes, au-delà du « rêve », il demeurait un être humain. Comme nous tous, il quitterait un jour ce monde terrestre. Néanmoins, ses entrées et ses sorties du coma témoignaient, à mon avis, de son combat ultime pour survivre. Sans aucun doute, il remporterait cette âpre bataille.

La réalité reprit brutalement ses droits, lorsqu'on annonça la mort imminente de Richard. Ça ne se pouvait pas! Il y avait erreur sur la personne. J'ignore ce que j'ai pleuré avec autant de désarroi, à ce moment-là. S'agissait-il de la perte éventuelle du *père spirituel* (il en avait été à son insu la figure dominante durant mon adolescence)? De l'écrivain? De mes illusions? Quoi d'autre?

Les doutes commencèrent à me gagner, au point où mon éditeur, Alain, m'écrivit ces mots touchants, rassurants et pleins de sagesse:

« Marilou, si jamais son âme décide de quitter ce corps meurtri et inapte à supporter sa grandeur, alors il s'envolera plus loin et plus haut qu'il ne l'aura jamais fait en avion... à l'image de Jonathan Livingston le goéland. Au fond, n'est-il pas appelé à le devenir? La vie est plus grande que nous. Un beau jour, dans une clairière d'ici ou de l'au-delà, tu retrouveras ton ami Richard, appuyé sur un des pneus de son avion posé au sol, qui te regardera en souriant. Il te dira : " Dis donc, tu en as mis du temps ! " La vie ne s'arrête jamais, tu le sais bien. En plus, tu es une *Soul whisperer*[1]... Tu me raconteras... »

Ma difficulté, par la suite, fut de ne pas remanier mon texte. J'étais bouleversée d'avoir rédigé les lignes suivantes bien *avant* son accident :

« Quand tout semble fichu et que la vie défile à toute vitesse dans le hublot d'un avion en chute libre, pourquoi abdiquer ? S'en sortir vivant demeure la seule option, ne serait-ce que pour soi d'abord, pour les siens ensuite et, ultimement, pour raconter un jour que le mot "impossible" ne règne pas en maître, même au cœur des pires scénarios. »

Je dus consulter de nouveau mon éditeur qui, lui aussi, avait lu la première partie de mon écrit quelques semaines précédant l'écrasement. Je me sentais vraiment inconfortable avec l'idée que quelqu'un puisse penser que je me servais de cet accident pour nourrir l'histoire de mon livre. Pire, au-delà de toute logique humaine, je me croyais pratiquement responsable d'avoir pu créer une pareille catastrophe. Jusqu'où peut aller la culpabilité quand elle n'a pas été rencontrée et soignée à la source ?

Encore une fois, Alain apaisa ma peur :

« Reste en paix, Marilou. Continue d'écrire. Ne t'éloigne pas de ton inspiration. Ces mots ont jailli de toi pour une bonne raison. Pourquoi les changer ? Il y a là quelque chose de mystérieux et... de magique aussi. »

Calmée et rassurée, je repris mon écriture.

Maintenant, avec plus de recul, je sais que peu importe le moment du départ de Richard Bach - aujourd'hui, demain ou dans trente ans -, lorsque viendra son ultime envol, que je veux des plus lointains, je lèverai les yeux vers le ciel et je saluerai sa présence à travers le passage d'un majestueux goéland. Aussi, lorsque les nuages se feront trop présents dans ma vie, je prendrai soin de mentionner avec l'humour « antipsychologique » qu'aura été le sien : « Il n'y a pas de problème assez énorme pour que je ne puisse pas le fuir. »

---

1. Celle qui murmure aux âmes.

J'espère que ce roman sera reçu dans votre cœur comme un hommage à la grandeur de cet homme, à son altruisme et à ses ouvrages qui ont élevé et élèveront encore tant de consciences, notamment : *Jonathan Livingston le goéland* et *Illusions ou Les aventures d'un Messie récalcitrant*. Si tel est le cas, je pourrai simplement affirmer : mission accomplie.

Avant de vous laisser poursuivre votre lecture, j'aimerais attirer votre attention sur ce qui suit :

Lorsque j'ai vu Richard Bach pour la première fois, debout devant moi, le sourire aux lèvres, deux yeux bleus électriques me regardant avec douceur, j'ai compris que l'expérience sortirait de l'ordinaire. Une bonté émanait de lui, sans compter cette assurance tranquille le rendant des plus mystérieux. Me retrouver sur une île en compagnie de cet écrivain m'ayant tendu une main invisible durant mon adolescence, procédait du miracle. Un miracle dont j'avais toujours su, en mon for intérieur, qu'il se produirait un jour. Rien n'aurait pu m'éloigner de cette certitude des plus claires. À qui m'approchait et me demandait « Quel est ton plus grand rêve ? », je répondais systématiquement : « Il ne s'agit pas d'un rêve. Un jour, je rencontrerai l'écrivain Richard Bach. C'est écrit en lettres d'or et à l'encre indélébile sur les pages de notre destin. »

Malgré les doutes soulevés par certaines personnes devant ma déclaration, je persistais à croire et je signais… De toute façon, cet écrivain n'avait pu changer si abruptement le cours de ma vie sans qu'un lien, aussi intangible soit-il, ne puisse « exister » entre nous. En ce sens, la rencontre avait déjà eu lieu dans l'invisible. Nous n'étions pas des étrangers, même si je ne le connaissais pas et que, de son côté, il ignorait mon existence… Non, non, ne sortez pas votre DSM-5 (manuel diagnostique et statistique des troubles mentaux de l'Association américaine de Psychiatrie) ! À chacun ses convictions et ses entendements !

Grâce à une série de circonstances exceptionnelles, la rencontre a pu se concrétiser entre Richard Bach et moi. D'abord, il y a eu une vision de cet événement à venir, pendant que je nageais dans un lac des Basses-Laurentides ; la réception, par inadvertance, de l'adresse courriel personnelle de l'écrivain dans ma boîte Gmail ; le soutien d'un autre de mes éditeurs, Michel Ferron et j'en passe. À n'en pas douter, le destin se déployait enfin devant moi.

Après avoir envoyé une courte missive à Richard Bach, lui rapportant l'impact déterminant dans ma vie de son livre *Stranger to the Ground*, il me répondit à peine quelques minutes plus tard. Je n'en croyais pas mes yeux. À la fin de son mot, sans aucune hésitation, il m'invita chez lui : un privilège unique. « Pourquoi moi ? », me suis-je souvent demandé par la suite, alors que cet auteur recevait des milliers de lettres de gens intéressés à le rencontrer, mais en vain. Je ne le sais pas. Ou plutôt, si : c'était écrit, non ? Tout de même, sa pancarte *No Trespassing*[2], devant sa propriété, témoigne encore aujourd'hui à quel point cet homme accepte difficilement d'être dérangé dans sa bulle de retrait. Qu'il ait mis sa garde de côté pour m'accueillir dans son antre représente, nul doute, un honneur et une joie ne pouvant s'exprimer par des mots, si beaux soient-ils !

Au moment d'actualiser ce projet d'écriture, le sujet de la « forme » est venu hanter ma pensée. Comment rapporter cet épisode de ma vie, traduire les émotions vécues dans toute leur intensité, sans commettre d'impairs ni franchir la ligne de l'intimité et de la liberté de Richard Bach ? Moi-même, pour être dégagée dans mon écriture, je me devais de choisir les mots et les idées surgissant de mon esprit, pour les étaler sans contraintes et sans condition sur papier. Je vais donc vous raconter une très belle histoire, une « fiction », une vraie de vraie, basée sur ma rencontre « réelle » avec Richard Bach. Bien sûr, il sera question d'un écrivain-aviateur américain (Samuel Flores), d'une écrivaine québécoise (Marisha Vital) et d'un rendez-vous orchestré dans le temps. Peut-être, aussi, que la similitude s'arrêtera là. Peut-être que l'histoire sera sans rapport, sans lien, sans… fin, quelque part, dans une vie parallèle. Allez savoir !

Marilou Brousseau

---

2. Entrée interdite.

« Tu es conduit à travers le temps de ta vie par la créature intérieure qui apprend, l'être spirituel alerte qui est ton moi réel. Ne t'écarte pas des futurs possibles avant d'être certain que tu n'as rien à apprendre d'eux. Tu es toujours libre de changer d'idée et de choisir un futur différent ou un différent passé. »

Richard Bach,
Illusions ou Les aventures d'un Messie récalcitrant

Il y a très longtemps...

J e n'existais ni en moi ni à l'extérieur de moi. On m'avait arrachée à la vie et je déambulais, indifférente, telle une somnambule, balayant mes journées d'un regard sans éclat.

Difficile de le nier : quand les bords de mer, les couchers de soleil, les arbres en fleurs, les cimes des montagnes et les nuits étoilées ne provoquent plus de débordements de bonheur, quelque chose de précieux a déserté le monde intérieur. Pour ma part, ce « quelque chose de précieux » m'avait quittée un jour, sans se nommer ni révéler son essence. Je vivotais et tremblais de froid au fond de mon vide existentiel, embuscade dans laquelle j'étais tombée en chute libre.

Ressentir mon mal-être ne dressait pas l'échelle de sauvetage qui m'aurait permis d'accéder à une vie nouvelle. À vrai dire, si un tel secours avait existé, je ne l'aurais pas vu, tant la noirceur occupait mon quotidien.

Ce jour-là, dans le centre-ville de Montréal, je frissonnais malgré l'air chaud du mois de juillet. Non seulement je me sentais prisonnière de mes peurs et de mes déceptions, mais je souffrais de mon incapacité à surpasser mes foutues limites. Je ne voulais plus rester en moi, assaillie que j'étais par les monstres de mon passé et ceux pressentis ou imaginés de mon futur. Se trouvait-il vraiment un endroit, sur cette terre, où faire halte, où reprendre mes forces, où ne plus servir la peur?

Un avion vola au-dessus de moi, un Piper Cub jaune moutarde, reconnaissable par son liseré noir évoquant un éclair le long du fuselage. Ébahie, je le regardai jusqu'à ce qu'il entre dans les nuages, le ronron de son moteur s'affaiblissant au fur et à mesure de son éloignement. Pour la première fois, depuis longtemps, j'entendis mon cœur battre au fond de ma poitrine. Mon rêve de devenir aviatrice s'agitait encore dans mes profondeurs, mais le réaliserai-je un jour? J'en doutais, maintenant…

En route vers le *Café du Coin*, rue Sainte-Catherine, près de Saint-Alexandre, là où une amie m'attendait, je chantai tout bas une chanson.

♫ *Comme un garçon, j'ai les cheveux longs. Comme un garçon je porte un blouson. Un médaillon, un gros ceinturon, comme un garçon… Je ne suis qu'une toute petite fille, perdue quand tu n'es plus là…* ♪♪

Je m'arrêtai un moment devant une vitrine foisonnante de marchandises. Une femme à l'élégance raffinée et à la démarche altière avançait vers moi sur le trottoir. À ma hauteur, elle jeta un coup d'œil dédaigneux sur ce qui devait lui paraître le pire délabrement vestimentaire. Mon blue-jean délavé se terminait sur de vieilles espadrilles aux semelles trouées et mon T-shirt noir, usé à la corde, laissait pendre çà et là des fils désordonnés, pareils à des guirlandes de mauvais goût. Non, elle n'avait pas remarqué sous mes cheveux châtains emmêlés, cachant une bonne partie de mon visage, mes yeux noyés de tristesse et de désespoir. Depuis sa classe sociale bourgeoise, sur laquelle elle s'accordait d'évidence le privilège d'une confortable supériorité, je devais représenter l'une de ces adolescentes à bannir du clan des humains respectables. Que dis-je? Des humains, tout court. La dame de haute moralité poursuivit sa route, sans même se douter de l'impact d'un tel regard sur un être déjà accablé par ses misères. Il ne restait, dans l'atmosphère, que l'odeur désagréable de son parfum.

Quelle était donc cette société où certains des mieux nantis, des plus scolarisés, des plus articulés pouvaient se vêtir de l'habit de « l'innocence » pour se sauver de leurs propres méchancetés à l'égard des autres? Chaque page, sur laquelle un adolescent écrivait son histoire, ne méritait-elle pas d'être lue par le regard bienveillant de l'adulte, peu importe le contenu et l'état dans lequel il se trouvait au moment de l'écriture ?

À l'horizon se formait une ligne d'orages annonciatrice de pluies torrentielles. Je repris ma marche et repérai l'église Saint-James, bordée de quelques arbres penchés paresseusement vers les trottoirs bondés de monde. Le vert pâlot de leurs feuilles témoignait de la canicule des dernières semaines de juillet. Tout contribuait à amplifier ma déprime : les herbes brûlées, le sol craquelé, l'air raréfié, la chaleur écrasante…

Après avoir remarqué, au passage, le style architectural de l'église, digne d'un grand âge, je m'avançai vers le *Café du Coin*, une bicoque supportant un toit pentu percé d'une lucarne. La porte en bois s'ouvrait sur une salle aux allures de réfectoire. Je vis aussitôt Doris, assise sur une banquette bourgogne, perdue dans ses pensées. Impossible de ne pas la reconnaître avec ses cheveux rose bonbon montés en coq sur sa tête, la ride chagrine sillonnant son front et ses yeux d'un bleu turquoise cernés jusqu'aux joues.

Lorsque j'arrivai à sa hauteur, elle me lança :

« Dis donc, tu en as mis du temps, Marisha !

– Difficile d'avancer au pas de course dans cette canicule, répliquai-je.

– Ça va ?

– Pas vraiment.

– Oh là ! On dirait que tu as avalé le diable en personne.

– Si ce n'était que ça !

– Qu'est-ce qui se passe ?

– J'ai été refusée dans les Forces armées.

– Ben ça alors ! Réjouis-toi ! C'est une très bonne nouvelle ! Tu ne partiras pas en mission dans des pays en guerre, tu ne te feras pas enlever et martyriser par l'ennemi, tu n'abandonneras pas quelques parties de ton corps dans des tranchées, et quoi d'autre ? Qu'est-ce qui t'a pris, misère, de t'inscrire à cet endroit ?

– Doris, je veux voler …

– Il y a une banque à deux pas d'ici, je peux t'arranger ça.

– Arrête de te moquer ! Je désire piloter un zinc. Je t'assure, j'en rêvais déjà dans le ventre de ma mère. Quelque chose m'attire là-haut, je ne sais trop quoi. J'aimerais tant faire monter dans le ciel un appareil plus lourd que l'air, traverser les nuages, toucher les…

– Sans blague ! me coupa Doris. Tu penses qu'on te permettrait d'aller flâner sur un croissant de lune au lieu de pourchasser l'adversaire et de l'abattre en plein vol ? On parle bien des Forces ARMÉES, non ? Et d'un entraînement MI-LI-TAI-RE ? Guerre et militaire, ça rime, à ce que je sache !

– Oui, mais…

– Comment ça : "Oui, mais" ? Rrrrrolala, lâcha-t-elle en roulant ses "r" ».

Elle prit un micro invisible, puis faisant fi de nos voisins de table, envoya un signal de détresse à voix haute :

« Mayday ! Mayday ! Ma chum part en vrille vers le sol… Je répète : ma chum part en vrille vers le sol !

– O.K. N'en mets pas plus, Doris, chuchotai-je, intimidée par les regards convergeant vers nous. Je suis bien consciente que j'aurais eu à exécuter des missions risquées aux commandes d'un avion de combat. Que je n'aurais pas vraiment eu le loisir de lancer à mon supérieur, chaque matin : "Hey m'sieur, aujourd'hui, une p'tite balade dans l'Ouest canadien, au-dessus du Pacifique, me plairait davantage qu'un largage de bombes sur un territoire soi-disant ennemi."

– Bien d'accord !

– Pour dire vrai, je souhaitais suivre la formation de pilote tout en étant logée et nourrie. Rien à débourser. Tu imagines ? Cinq ans de cours à profiter de vastes espaces aériens, sans trop de restrictions de vol et sans me casser la tête pour ma survivance.

– Tu veux dire cinq années de discipline drastique et d'entraînements assidus, autant dans les airs que sur terre, dont quelques-uns dans des champs remplis de bouses de vache encore fraîches. J'aime mieux le "Club Med" que le "Club Merde". Pourquoi est-ce qu'on t'a refusée dans les Forces armées, de toute façon ?

– Trop jeune, paraît-il. De plus, je me serais plantée à leur test de mathématique. Ce qui est faux, totalement FAUX. Je suis un génie des maths. Pas un seul test ne me résiste. Mon professeur est presque découragé de ne pouvoir m'octroyer une note inférieure à 100%. Qu'est-ce qu'il donnerait, celui-là, pour pouvoir barbouiller ma feuille d'un médiocre "A" au lieu d'un "A+" ?

– Pourquoi, alors, ces gens ont-ils fermé la porte à notre Einstein féminin ?

– Justement, parce que je suis une femme. J'aurais été une des premières, tu comprends ?

– Ouais ! Je comprends surtout que tu aurais été une cible de choix, car tu sais, les pionnières, elles sont malmenées. Imagine les innombrables souffrances à vivre pour quelques heures de vol par semaine ! Moi, je me réjouis de cette jambette. Il vaut mieux que tu tombes maintenant plutôt que dans un an sous le poids de leurs obligations. J'ai sans doute la tête rose, mais je t'assure, mon cerveau est gris de matières intelligentes et subtiles.

– Je n'en ai jamais douté, Doris, mais là, vois-tu, c'est différent. Très différent… »

La serveuse, une grande dame mince souriante et arborant un tatouage tribal sur le bras – une arabesque noire –, vint s'enquérir de notre commande.

Perpétuant notre même rituel depuis plus d'un an, Doris lança :

« Deux cokes, deux frites.

– Je vous amène ça tout de suite, les filles. »

Mon amie devint songeuse. Je la regardai. Cette rebelle au cœur doux comme le murmure d'un ruisseau, je l'avais rencontrée lors d'une excursion dans la nature, durant une semaine de classe verte regroupant des élèves de différents quartiers de Montréal-Est. Elle gagna aussitôt mon estime en raison de ses connaissances phénoménales sur les écosystèmes forestiers. Avec une rare habileté, elle supplanta l'enseignant de sciences naturelles avec ses informations sur le climat, les types de roche-mère, les diversités floristiques et fauniques, les défis environnementaux... Tant et si bien que je la suivis en tous lieux, buvant ses paroles érudites avec délectation.

L'amitié se développa rapidement entre nous. Un jour, à son invitation, j'allai prendre le thé à son appartement. Je restai pantoise devant son salon transformé en une véritable serre. Des plantes, il s'en trouvait partout : sur les étagères, sur le plancher, sur le rebord de ses deux fenêtres... Pas de divan, de bibliothèques, de télévision, seulement des plantes à n'en savoir où poser les yeux. Sur le sol, des arrosoirs aux couleurs vives trônaient à différents endroits, certains lui servant même de pots à fleurs. Pour ajouter à cette folie végétale, Doris avait disposé, çà et là, des pierres de toutes les grosseurs, reproduisant ainsi l'effet d'une rocaille, mais à plat. Une frise de papier, sur laquelle figuraient des campanules mauves, longeait le haut des murs tandis que des plantes suspendues complétaient joyeusement l'ambiance. De la suite et de la logique dans les idées ; elle n'en manquait pas !

Après avoir embrassé du regard cette « brousse urbaine », Doris me conduisit dans sa cuisine. À travers la porte-fenêtre, je vis un bac à la grandeur de son balcon, dans lequel un potager s'épanouissait sous les rayons lumineux d'une fin d'après-midi. Malgré l'étroitesse de leur habitat, fruits, légumes et herbes y poussaient rigoureusement. Je demeurai subjuguée devant cet étalage incroyable de végétaux...

À l'intérieur se trouvaient une table en mélamine blanche, quatre chaises, des accessoires de cuisine sur le comptoir... Fiou ! L'appartement gardait un peu de son statut « habitable »...

« Les plantes sont mes amies », m'avait-elle mentionné, le sourire béat de bonheur, en pointant dans toutes les directions.

Moi, de lui répondre avec humour :

« Est-ce qu'il y a quelques mulots dans tes jardins ?

– Non. Qu'une grosse araignée dans *mon* plafond… »

La serveuse revint très vite et déposa des plats odorants devant nous. Dès qu'elle tourna les talons, Doris me demanda, en répandant une généreuse portion de ketchup sur ce qu'elle appelait sa « dose de cholestérol » :

« As-tu le fric ?

– Le fric ? De quoi parles-tu ?

– Du fric pour suivre des cours de pilotage…

– Tu me demandes si j'ai 7 000 $, sans compter les taxes ! Est-ce que tu veux rire de moi ?

– Bon, d'accord. Plaçons un "x" provisoire sur ta carrière et nous en rediscuterons dans trente ans. Ta formation sera alors beaucoup plus dispendieuse, crois-moi !

– Je ne tiendrai pas le coup jusque-là, répondis-je.

– Mais oui. Tu files un mauvais coton. La lumière rouge finit toujours par passer au vert…

– Sauf, quand elle est clignotante…

– Oh là là ! Ce que tu peux être rabat-joie ! J'ai un cadeau pour toi qui va te remonter le moral. Ma mère me refile ses "cochonneries", et moi, avec amour, je les donne aux suivants.

– Quelle délicatesse de ta part ! Je meurs d'envie de savoir quelle cochonnerie tu as envie de m'offrir avec ton grand cœur…

– Ah, tais-toi ! »

Doris fouilla dans son fourre-tout et en retira un objet enveloppé dans du papier brun. Par la forme, il s'agissait sûrement d'un livre. Elle me le tendit, sourire aux lèvres. Sans l'honorer d'un désemballage immédiat, je le rangeai dans mon sac à main.

« Ça semble vraiment te réjouir, à ce que je vois.

– Si, si, Doris, mais je préfère le regarder à la maison. Je n'ai vraiment pas la tête aux bouquins, car c'en est un, n'est-ce pas ?

– Oui m'dame, et pas n'importe lequel, je t'assure !

– Merci beaucoup, Do. C'est très gentil de ta part, tu sais, de…

– De te donner les restants de la vente de garage de ma *mouman* ? Y a pas de quoi ! »

Une heure après m'avoir relaté dans le détail les dernières nouvelles sur la mode, la musique et les garçons, Doris repoussa sa chaise, se leva et alla payer son addition. Je lui emboîtai le pas sans grande énergie. À la caisse, elle étira son bras vers un bol et s'empara de quelques bonbons enveloppés dans des papiers aluminium rouge, jaune, vert, doré… qu'elle fourra dans ses poches. Après avoir déboursé le montant dû, elle se dirigea vers la porte et quitta le restaurant. Je la suivis quelques minutes plus tard, après l'acquittement de ma note.

À l'extérieur, Doris me fit la bise.

« Bye, Marisha ! Rendez-vous dans un mois, même heure, même place. Je t'appelle avant pour confirmer notre rencontre. Entre-temps, dors un peu. Tu as l'air d'un croque-mort. »

Sans plus, elle s'enfonça dans la foule et disparut de ma vue.

Prise de vertige, je me dirigeai vers le parvis de l'église. Je m'assis sur une marche, avant de fermer mes paupières sur mes yeux humides. Un bruit sourd et soutenu dans mes oreilles couvrait le tumulte de la circulation. Des souvenirs se mirent à surgir dans mon esprit, les uns ravivant les autres ; un véritable kaléidoscope. Des cassures, des ruptures, des discontinuités revenaient à ma mémoire : le divorce de mes parents, la défection de mon père, le rejet de ma mère, la mort de mon meilleur ami, la drogue, les dépréciations, les exclusions, les humiliations, les renonciations, les insoumissions, les démissions… Tout me renvoyait à l'absurdité de mon existence et à mon inutilité en ce bas monde.

Je me levai d'un bond. Je le savais trop bien : mon unique solution consistait à quitter ce hall de miroirs, ce monde dans lequel je ne survivais qu'en apparence. Debout, je fixai le sol craignant de m'évanouir…

Le ciel d'encre s'ouvrit dans le fracas du tonnerre. Des trombes d'eau se déversèrent sur la rue. Les piétons, comme des fourmis en danger, se mirent à courir en tous sens à la recherche d'un lieu où se protéger. Incertaine, j'avançai prudemment sur le trottoir luisant. L'eau se retirait avec bruit dans les caniveaux, emportant avec elle poussières et rebuts. Le vent et la pluie mordaient ma peau. Je m'en foutais, n'ayant plus le sentiment d'habiter l'univers du vivant.

En entrant chez moi, mouillée, transie, j'ouvris mon sac et je saisis le paquet offert par Doris. Je le déposai sur la table de la salle à manger. Paniquée, je marchai de long en large dans l'appartement. Une seule solution demeurait envisageable…

Je m'arrêtai devant mon bureau, pris une feuille blanche et m'installai afin de rédiger ma lettre de départ.

À toi, Dieu,

Je sais que la vie est pleine d'embûches. Que les épreuves arrivent les unes après les autres. Que chacune d'elles comporte des leçons. Mais j'en ai marre, vois-tu, de ces apprentissages supposés mener au bien-être et au bonheur. Marre, parce que ce n'est pas vrai. Chacune de mes joies débouche sur un malheur. C'est fini. Je n'en peux plus. Je ne veux plus souffrir. Il existe trop d'ombres et de noirceurs dans mon quotidien.

Je t'écris à toi, le faiseur de miracles, parce que dans deux minutes, sans une intervention surnaturelle de ta part, je disparaîtrai dans le néant. S.O.S., S.O.S., S.O.S., il y a un grave danger à bord. M'entends-tu?

À ce moment précis, mes yeux croisèrent le colis de Doris. Je déposai ma plume, interrompant mon élan. Après quelques secondes d'indécision, je le déballai nerveusement.

CHOC.

Il s'agissait bien d'un livre, et comme l'avait mentionné Doris: « pas n'importe lequel! » Sur la couverture, un avion montait à l'assaut du firmament en traversant une bande de nuages. L'auteur se nommait Samuel Flores. Le titre de l'ouvrage: *Nuit étoilée en zone libre.*

Sur la page arrière, je lus :

« Quand tout semble fichu et que la vie défile à toute vitesse dans le hublot d'un avion en chute libre, pourquoi abdiquer ? S'en sortir vivant demeure la seule option, ne serait-ce que pour soi d'abord, pour les siens et, ultimement, pour raconter un jour que le mot "impossible" ne règne pas en maître, même au cœur des pires scénarios. »

Estomaquée par ces mots tombant à pic, ma respiration s'emballa, mon adrénaline monta... Je le tournai en tous sens avant de l'ouvrir au hasard. En croisant ces autres lignes, j'eus la vive et étrange impression que l'auteur s'adressait directement à moi :

« Savais-tu qu'à chaque traumatisme vécu, un étranger peut prendre logis en toi ? Puis un autre, et un autre ? La plupart du temps, ces inconnus – et leurs inconnues – mènent ton existence. Ils t'incitent à des pensées erronées et à des actes contraires à ta vérité. Ta pulsion première n'est pas vraiment de mourir, mais "d'éliminer" leur présence en toi. Au lieu de poser un geste radical et irréversible, pourquoi ne pas établir un dialogue avec eux ? Il n'y a que deux choix, dans le fond. Le premier : rester sous leur emprise. Le deuxième : les rencontrer afin de permettre le dénouement des conflits et des impasses qu'ils fabriquent en toi. Voilà. Il s'agissait simplement d'une idée. D'une toute petite idée parmi des milliards d'autres. »

Par le passé, mon réflexe aurait été de fermer rapidement n'importe quel bouquin charroyant de semblables affirmations. Cette fois-ci, les mots, telle une révélation, me laissèrent médusée un long moment. Une nouvelle décision germa en moi. Je devais absolument me donner le temps de découvrir ce qui me poussaient sans cesse vers des gestes destructeurs, vers l'irréparable... Cet écrivain avait raison. Pourquoi ne pas rencontrer ces « inconnus » siégeant dans mes profondeurs et contrôlant ma vie ?

Ce jour-là, ce n'est pas moi, mais mon désir de quitter ce monde qui bascula dans le néant...

« Le lien qui t'unit à ta vraie famille
n'est pas le lien du sang, mais celui
du respect et de la joie dans la vie
de chacun de ses membres. Il est rare
que les membres d'une même famille
grandissent sous le même toit. »

Richard Bach,
Illusions ou Les aventures d'un Messie récalcitrant

Vingt-cinq ans plus tard

L e biplan bleu flottait dans l'air du matin. Pourquoi n'avançait-il pas? S'agissait-il d'une hallucination visuelle? D'un mirage? Pourtant…

J'entrai dans le café *Second Cup* de la rue Monkland, dans l'ouest de Montréal. Une odeur de café mêlée à celle de chaudes pâtisseries vint titiller mes narines. Alicia, une serveuse aux longs cheveux d'or, me reconnut et m'offrit aussitôt un thé Chai: un breuvage créé à partir de thé noir enrichi à la fois de soupçons d'écorce de cannelle, de graine de cardamome, de racine de gingembre, de clou de girofle et de poivre. Un plaisir pour le palais! Une lecture de mon avenir dans ce liquide brunâtre, par une voyante, aurait sûrement conduit à une révélation étonnante: « Une conjoncture hors du commun vous amènera vers de grandes transformations, madame. Soyez prête! » Je ne l'aurais pas cru, lui opposant même scepticisme, incrédulité et méfiance. Difficile, pour moi, d'imaginer une soudaine bifurcation de mon parcours – semé de répétitions désastreuses depuis mon enfance –, vers une voie moins sinueuse, moins accidentée, plus joyeuse.

Je pris mon thé et allai m'installer sur la terrasse. De petites tables basses en métal, disposées très proches les unes des autres, donnaient le sentiment d'un café à Saint-Germain-des-Prés, au cœur de Paris. Je levai les yeux vers le ciel, à la recherche de la tache bleue immobile. Rien. Le biplan avait disparu dans le firmament.

Étrange, tout de même, puisque les Piper Cub sont tous jaunes, sans exception !

Soupirant de langueur, je pensai au long après-midi en perspective devant moi, à rêver, à paresser, à écrire dans mon cahier, à jouer avec les mots. Habituellement, le confort de mon bureau suffisait à allumer mon inspiration, mais pour l'heure, je préférais me retrouver dehors, dans un lieu plus animé, plus vivant.

La porte du café s'ouvrit vers l'extérieur, laissant sortir une fillette toute mignonne dans sa robe fuchsia, au rebord en dentelle. L'enfant, suivie de sa mère, s'arrêta un moment, observa quelque chose, s'approcha de ma table et me demanda, avant d'afficher un sourire montrant une dentition incomplète :

« C'est à vous le foulard rose ? »

Elle pointa mon écharpe qui avait filé vers la clôture de la terrasse.

« Oh Merci ! Je l'aurais sûrement perdu à tout jamais, sans toi. »

Je me levai pour le ramasser, puis fouillai dans mon sac à main pour repérer mon porte-monnaie. Je tergiversai. Combien valait cette information ? Un petit doigt hésitant s'éleva, tandis que deux yeux verts malicieux se plantèrent dans les miens. Je lui remis une pièce d'un dollar.

Elle ira loin cette jeune...

La mère se pencha et chuchota à l'oreille de son enfant :

« Dis-lui merci. »

Je répliquai sans attendre :

« Non, non, ça va, madame. Elle m'a rendu un beau service. »

De toute évidence, cette femme déprécia mon intervention, mais je n'allais pas lui expliquer le hérissement que provoquaient en moi les formules de politesse obligées, mâchées depuis des siècles et des siècles.

Un peu pincée, elle s'éloigna pour s'installer à une table voisine, pendant que la fillette se tournait vers moi, exhibant sa pièce d'un dollar ; trophée gagné sans effort et avec audace, quoique timidement. Son attitude valait bien des remerciements. Devant son innocence heureuse, il me vint cette pensée de l'écrivain espagnol, Miguel de Cervantès : « Il faut garder dans sa main celle de l'enfant que nous avons été. »

Quand avais-je pris sa main, la dernière fois ?

Le mot « *jamais* » effleura mon esprit.

La môme, triomphante, déposa devant elle sa pièce de monnaie. Soudain, je crus halluciner. Non ! Impossible ! Dessus, elle plaça un minuscule jouet en bois : un biplan bleu, retiré d'une pochette portée en bandoulière. L'avion demeura sur son socle à peine deux secondes. De son index, elle tourna l'hélice, attrapa la queue de l'appareil et le fit voler aussi haut et loin que lui permettait l'élongation de son bras.

« Moi, Julie-Anne, je passe au-dessus des montagnes, je monte, monte, MOOOONTE vers les étoiles. »

Plus le biplan grimpait dans l'espace, plus le ton de sa voix prenait du volume et de la force. Sa main, tenant l'appareil, dessinait des arabesques, des descentes abruptes vers la table, des remontées rapides, des survols de pics… Chaque mouvement ajoutait à son charme et démontrait l'étendue de sa créativité. Elle s'apprêta à se hisser sur sa chaise, sans doute pour aller encore plus haut, lorsque sa mère l'arrêta d'un geste brusque. Je réprouvai son attitude. Pourquoi mettait-elle un frein à l'imagination de sa fille ? Cette femme aurait pu simplement se poster avec tendresse à ses côtés pour assurer sa sécurité, le temps que Julie-Anne voyage dans son monde merveilleux.

La moue de la fillette traduisit son sentiment intérieur. Pourtant, quelques secondes plus tard, son rire cristallin se répandit dans l'espace, tandis que son bras s'agitait de nouveau en tous sens. Je regardai, attendrie, sa candeur enfantine. Je me trouvais là, dans l'écho de son rêve, à tourner moi-même, dans ma tête, les hélices d'un biplan au crépuscule d'été, à m'envoler vers les étoiles mouillées de pluie…

Je tressaillis. *Mouillée de pluie…* Toujours cette tristesse brouillant ma vue et jetant un voile humide sur toute chose. Une démarche thérapeutique, dans un cabinet feutré de consultation, n'avait pu venir à bout d'un événement très précis se refusant sans cesse à l'analyse et qui noyait mon être jusqu'à déborder de mes yeux. Je me terrais derrière mes zones de sécurité, au lieu de les traverser pour entrer de plain-pied dans la vie. Bien sûr, difficile de franchir le seuil de mes résistances avec, en bandoulière, mes peurs, ma timidité et mes méfiances jouées sur mille et une variations, mille et un coloris, prolongés dans mille et une errances. Mes mécanismes de survie grinçants, limitatifs et répétitifs m'empêchaient de revenir à l'essentiel : ma véritable nature. Que savais-je de celle-là, de toute façon ?

J'avalai une gorgée de thé.

Julie-Anne cessa les envolées de son biplan dans son ciel chimérique. Contre toute attente, elle se figea, absente, fixant le vide. N'eût été quelques expressions à peine perceptibles sur son visage, quelqu'un aurait pu croire qu'elle se trouvait en transe. Ses lèvres se mirent à bouger, comme si elle parlait à un interlocuteur. Sa main gauche, déposée sur sa cuisse, serrait très fort l'engin bleu. Peut-être craignait-elle qu'on le lui enlève. Celle de droite ponctuait de mouvements son monologue, ou était-ce un… dialogue ?

La fillette poursuivit ce manège un moment. Elle sursauta violemment lorsque sa mère, d'un ton criard et se voulant sans réplique, lui lança :

« Je t'ai dit de ne plus faire ça ! Reviens ici et tout de suite ! »

Reviens ici et tout de suite ! Pourquoi cette femme tonnait-elle cette phrase-arrêt ? Pourquoi lui refusait-elle toute autre réalité que celle tangible ?

Même si Julie-Anne ne semblait pas totalement de « retour », des larmes montèrent à ses yeux qu'elle déversa dans un flot doux. Quelque chose échappait à ma compréhension. Comment une mère pouvait-elle être aveugle à la créativité libératrice de sa progéniture ? Pourquoi ne la questionnait-elle pas : « Dans quel espace te trouves-tu, ma belle Julie-Anne ? Veux-tu m'en parler ? As-tu souvent de ces rendez-vous, quelque part dans un *autre monde* ? »

Un ours vivait en moi, car je l'entendis gronder dans ma poitrine. Je pris de profondes respirations et me calmai pour éviter une sortie de sa tanière. L'enfance, pour moi, était le lieu où l'imagination s'échappait par tous les pores du visible et de l'invisible. Brimer cette faculté de création, d'invention ne constituait rien de moins que l'assassinat de l'âme.

Julie-Anne se tourna vers moi, les yeux gonflés de chagrin, un appel au secours flagrant dans le regard. Que devais-je faire ? Surtout, ne pas renforcer l'attitude négative de sa mère par une intervention inappropriée. Son royaume secret devait être protégé de tout effondrement.

Incapable de trouver une solution rapide, je ne sus qu'ébaucher un sourire. Pas n'importe lequel : un sourire se voulant accueillant, rassurant. J'allais dire maternel…

La dame croisa notre échange silencieux. Elle attrapa le bras de sa fille.

« Prends ton muffin, tu le mangeras à la maison. »

La petite baissa la tête, ravalant ses larmes. Était-ce un geste de défi, de résignation, de peur ? Elle s'empara de la pâtisserie, mais laissa le biplan bleu bien à vue sur la table, à mon attention, sans aucun doute. Visiblement défaite, elle suivit sa mère d'un pas nerveux.

Avant de tourner le coin de la rue, elle s'assura que l'avion se trouvait bel et bien en ma possession ; je m'étais en effet empressée de récupérer l'objet sur-le-champ. Le temps d'un éclair, j'aperçus l'esquisse d'un mince sourire sur son visage. Comme il détonnait avec ses yeux tristes ! Elle disparut derrière la première bâtisse, l'air égaré.

Je quittai précipitamment les lieux. Mon ventre protestait par des crampes violentes contre l'injustice commise à l'égard de Julie-Anne. Elle venait d'abdiquer pour satisfaire un parent, d'abandonner sa créativité pour entrer dans le cadre étroit des pensées adultes : des pensées trop souvent figées dans des principes contrôlants, paralysants et destructeurs de la vie psychique en pleine élaboration.

Je me sentis tirée vers les zones fragiles de mon être. Mes yeux se remplirent de larmes. Je marchai, l'esprit bourdonnant de questions :

Qu'adviendra-t-il de la blessure infligée à cette enfant? Pourra-t-elle s'épanouir malgré les rabrouements répétitifs de sa mère? Sera-t-elle obligée d'intégrer un autre rêve, cette fois-ci, imposé par les normes, les balises et les jugements des grandes personnes? Finira-t-elle par bafouer son propre bonheur? Qui a dit: « Ne grandis pas, c'est un piège… »?

Dans le livre que mon amie Doris m'avait remis à l'adolescence, Samuel Flores mentionnait: « Quand ton âme est perturbée, offre-lui la sagesse du silence. Entre dans cet espace où rien n'a à être ni à naître. Respire tout doux. Ne saute pas trop vite aux conclusions. N'avance pas de raisonnements déductifs. Ne te précipite pas dans un "agir d'urgence" et échevelé. Respire tout doux… »

Je poussai un long soupir et avançai d'un pas hâtif vers ma voiture.

Respire tout doux, respire tout doux… C'est bien beau, mais comment respirer tout doux quand la liberté d'un enfant est en jeu? Quand moi-même je me sens prise comme dans un ascenseur en panne?

Je fouillai dans mes poches, j'attrapai mes clefs, ouvris la portière, embarquai rapidement dans mon auto et je me dirigeai vers l'autoroute 15. Décision de dernière minute: aller *Chez Tau*, un magasin d'aliments naturels dans la banlieue de Montréal, m'acheter des produits végétariens pour le week-end. Ma consommation de viande, je l'avais cessée le jour où un reportage avait démontré la cruauté sans nom réservée aux bêtes, dans les abattoirs. Une telle absence de sensibilité et de conscience m'avait bouleversée profondément. Après moult recherches, je compris davantage les impacts: personnel, sociétal et planétaire qu'apporteraient une utilisation moindre ou l'abolition totale de la viande dans notre quotidien. J'optai pour cette avenue. N'empêche, pas facile de se départir d'années de conditionnements et d'habitudes!

Sur les routes de bitume, d'innombrables voitures circulaient du présent vers l'avenir sans que jamais je ne puisse toucher ni même effleurer les tragédies et les bonheurs de chacun de leurs occupants. Ces longs rubans couleur d'encre me rappelaient les machines à écrire d'une époque révolue. Pendant un instant, je retournai à cette période de mon adolescence où, devant une antique Remington, je tapais mes premières nouvelles. Clac, clac, clac, clac, ding… À la lecture du livre *Nuit étoilée en zone libre*, une aube prometteuse s'était levée sur mon existence. Sans tarder, j'avais couché mes premiers rayons d'idées sur papier : clac, clac, clac, clac, ding…, m'appliquant à donner forme aux personnes et aux histoires qui habitaient mon imaginaire. Jamais satisfaite, je jetais mes écrits, recommençant inlassablement mon travail avec, en tête, la ferme intention de réussir un chef-d'œuvre : le mien. Puis, un jour, les sons de ma vieille mécanique se sont tus…, à cause de la vie, des changements, des épreuves, des passages, des hasards.

J'ai valsé des lunes et des lunes entre mon désir de devenir aviatrice – même astronaute – et celui d'être écrivaine. Leurs carrières exerçaient sur moi un effet quasi hypnotique. Je m'offrais régulièrement le luxe d'y penser, sans jamais entreprendre d'actions concrètes.

J'optai pour l'écriture. De jour comme de nuit, j'allai à la rencontre des mots, m'approchant d'eux en douceur, apprivoisant leurs significations et surtout, leurs intelligences révélées dans leurs alignements côte à côte extraordinaires ou d'une grande simplicité. Leurs possibilités créatrices, structurelles et organisatrices s'avéraient sans limites. Comment pouvais-je ne pas être fascinée devant l'étalage de tous ces mots qui invitaient à dire, inventer, dévoiler, cacher, démystifier, détruire, construire, rêver, façonner ? Chacun d'eux permettait de frôler ou de toucher les désirs, de les écrire entre les lignes, d'évoquer les interdits, d'appréhender différemment le silence, de mettre à distance les expectatives, de créer l'immédiateté des paysages du cœur, de l'être et de la vie.

Malheureusement, je voyais la maîtrise de cet art de l'écriture chez les autres. Pas chez moi. J'éprouvais la sensation profonde d'être hors talent, incapable de glaner autour, et en moi, tout ce qu'il fallait pour dire, se dire, se non-dire, se dédire, redire, se redire... En somme, je n'avais rien à écrire d'intelligent et ourlé de belle manière. J'aimais simplement les mots, ceux des écrivains de renom, avec une fascination toujours grandissante.

Mon projet d'être aviatrice se retrouva dans la file d'attente des accomplissements à venir. Tel un ballon attaché à une corde lâche, je ne savais trop à quel moment il prendrait son envol.

À l'épicerie, j'achetai des produits non périssables pour éviter leur perte dans la voiture. J'avais opté, à la dernière minute, d'aller magasiner au Centre d'achat, visionner un film au cinéma et effectuer une longue marche dans un parc à proximité. Ces heures de détente m'apportèrent un bienfait immense à tous les niveaux. Sur la route de retour, le soleil couchant étendait des touches d'or aveuglantes sur la chaussée. Sauf pour ce détail dérangeant, j'aimais cette heure du jour, lorsque les rayons saisissaient de biais la nature et les environs, les enveloppant d'une troublante et mystérieuse beauté.

À la maison, je déballai et rangeai mes emplettes. Je déposai le biplan bleu sur ma table, m'installai sur une chaise et l'examinai attentivement.

Cet avion… pourquoi ai-je l'impression étrange de déjà-vu ?

Un souvenir tenta d'émerger, vitement refoulé par mon mécanisme de censure très alerte.

Dans un fantasme soudain, je l'imaginai en taille réelle. Nul autre que Samuel Flores en était le commandant. Copilote en formation, il m'initiait à certains rudiments du métier : la maintenance de l'appareil, la lecture des conditions météorologiques, l'élaboration de plans de vol, l'utilisation des instruments de bord, les vérifications de sécurité, la compréhension des espaces aériens, les vols de nuit, les vols de jour, les procédures d'urgence, le dégivrage – en sol et en vol –, les connaissances élémentaires relativement à la survie, la carte du ciel, l'univers des étoiles…

Dans mon imaginaire, je quittais enfin mon logiciel d'apprentissage *Flight Simulator*[3], avec lequel je ruinais des avions, peu importe qu'il s'agisse de l'un ou l'autre des modèles suivants : Curtiss Jenny, Cessna 152, Spirit of America, Piper Seneca V, Jetstream 31, Hummel Bird, Swissair Airbus A319-100, Piper Cub… Chaque décollage se résumait en une envolée de cinq minutes et un écrasement, en moins de deux, dans une forêt touffue, une vallée herbeuse ou, honte ultime, dans la mer. Je ne m'étais jamais risquée au pilotage d'autres avions disponibles, question de dignité. Mon excuse : pas facile de diriger un appareil avec un ordinateur maison, sans manettes, que des touches sur un clavier !

Je pensai à Samuel Flores. Avec sa dextérité et sa longue expérience, jamais il n'aurait « planté » un avion dans le décor avec ce logiciel. Cet

---

3. Simulateur de vol.

homme m'impressionnait par son intelligence et ses compétences. Je n'avais effectué aucune recherche pour le rencontrer : d'instinct, je savais que le destin le placerait éventuellement sur mon chemin.

« Quel est ton plus grand rêve ? » me demanda un jour, Doris.

– Mettre ma main dans celle de Samuel Flores.

– Samuel Flores ? Ça ne va pas la tête ? C'est un ermite. Il reste sur son île et aucune âme ne le visite sans son autorisation, encore moins ses admiratrices.

– Je ne suis PAS une admiratrice. Je suis quelqu'un de sa famille.

– Qu'est-ce que tu racontes là : Samuel Flores et Marisha Vital ? Voyons donc ! Il est américain, tu es québécoise. Il est anglais, tu es française. Il est beau, tu es… disons…

– Va sniffer des fleurs ! »

Doris et moi avions ce penchant à la taquinerie qui n'entamait en rien notre amitié, bien au contraire.

Ce jour-là, elle poursuivit :

– « Vos noms, vos nationalités, vos manières de penser, etc., pour moi, ça s'appelle des écarts infranchissables.

– Tu ne comprends pas le mot "famille", Doris.

– Ah bon ! Alors, explique-moi, s'il te plaît.

– Ça veut dire qu'une personne très particulière, malgré l'absence de gènes, te "reconnaît" comme un fils, une fille, un frère, une sœur, un père…

– On est où, là ? Dans le *twilight zone* ?

– Dans un réel difficile à saisir pour un esprit cartésien.

– Je ne demande que ça.

– Comment te faire comprendre ? N'as-tu jamais éprouvé, en présence d'une personne, le sentiment de la connaître depuis toujours ?

N'es-tu jamais entrée en contact avec un individu, sachant d'emblée qu'il jouera un rôle majeur dans ta vie ? As-tu déjà perçu, chez lui, un…

– Bien sûr, ça m'est arrivé ! coupa Doris. Cela n'en fait pas pour autant un membre de ma famille ! Une connaissance ou un ami, tout au plus.

– Tu ne penses qu'en axe vertical, moi je te parle d'horizontalité.

– Une différence, bien sûr, qui échappe totalement à ma logique…

– Écoute-moi attentivement, Do. La famille biologique, c'est de haut en bas, de génération en génération : l'arrière-grand-mère, la grand-mère, la mère, le fils, la fille, etc. La famille dont je te parle est de nature plus subtile. Elle existe devant toi, en arrière, sur les côtés. Ce sont les gens rencontrés au hasard de ta vie qui ont joué, jouent et joueront un rôle minimal ou primordial.

– En français, s'il vous plaît !

– D'accord. Je vais te résumer ça en un mot que tu vas comprendre, du moins, je l'espère : "chimie". Tu piges ?

– Euh…

– Chimie spirituelle, si tu préfères.

– Tu ne vas pas me parler de Dieu, tout de même !

– Jamais je ne parle de Dieu avec le diable… »

Doris avait alors éclaté de rire ; le genre de rire donnant envie de se dissoudre dans l'air tellement il s'avérait bruyant et décrocheur de regards. Rien ne changeait dans nos conversations rarement profondes. Pourtant, je l'aimais bien cette Doris. Justement parce que nos conversations étaient rarement profondes. Je ne souhaitais pas vivre une relation d'amitié complexe avec elle, avec personne d'autre, d'ailleurs.

La plupart du temps, Doris se montrait spontanée, instinctuelle. Lorsqu'une idée séduisante traversait son esprit, elle lançait les moteurs et démarrait en trombe. Stupéfiante de sincérité, elle ne sondait jamais mes fonds maladifs pour en extirper le méchant. Parfois, elle taquinait mes revers, s'arrêtant néanmoins quand mon long silence lui servait de réplique. Mes pauses verbales l'indisposaient royalement. Peut-être devenaient-elles un espace où, à l'improviste, pouvaient émerger certaines de ses émotions, celles-là mêmes à laisser dans l'oubli. Malgré les années passées, elle demeurait aussi délinquante à ses quarante qu'à ses quinze ans. Elle rusait sans cesse comme un renard, fonçait comme un taureau, bourdonnait comme une mouche et pleurait comme un saule, mais généralement de rire.

Le sujet de la famille ne revint plus sur la table. Il resta cependant bien ancré dans mon cœur. Venant de « nulle part » (compréhension ultime du délaissement de mon père et de ma mère), j'avais choisi de décréter que les ouvrages linguistiques ne saisissaient pas pleinement le sens du mot « famille ». D'ailleurs, pas facile de faire dire à la langue le contraire de ce qu'elle prétend – de lui donner une nouvelle signification ou d'en ajouter une autre –, tout en affirmant détenir la vérité sur ses définitions. Heureusement, il y aura toujours quelqu'un pour défier le sens d'un mot, pour lui induire une nuance sémantique différente afin de mieux servir un but, un projet, un désir, bref, un intérêt personnel, familial ou social.

Le téléphone interrompit le bruissement de mes pensées.

Était-ce Roy, un ami d'enfance et aussi le cousin de Doris ? Cette fois-ci, cet infatigable globe-trotter avait jeté son dévolu sur le Népal, le Tibet et l'Inde qu'il comptait visiter de fond en comble : « Un grand rêve de jeunesse », répétait-il sur tous les tons. Nous nous retrouvions sans nouvelles de lui depuis trois mois et l'inquiétude commençait à entamer mes nuits. Lui était-il arrivé quelque chose ? S'était-il perdu ? Avait-il été victime de malfaiteurs ? Habituellement, peu importe sa destination, il se manifestait par téléphone, lettre ou courriel…

« Allo !

– Ma, c'est Do. »

Une onde de déception traversa mon être.

« Ma ? »

Doris prétendait qu'avec chacune des premières syllabes de nos prénoms, nous aurions pu amorcer une grandiose symphonie, n'eût été « mon erreur » impardonnable : posséder un « a » à la place d'un « i ». *Tu aurais pu t'appeler Mi-randa, au lieu de Ma-risha,* me lança-t-elle un jour. N'importe quoi! Son imaginaire effervescent ne cessait d'inventer à partir de riens.

« Oui, oui, c'est moi. Qu'est-ce qui se passe? demandai-je, inquiète. Est-ce à propos de Roy?

– Non, non. Je n'ai pas plus de nouvelles de lui que toi. C'est plutôt Samuel Flores…

– Samuel Flores?

– Il est en viiiiiiiiiille!

– Quoi!

– SAMUEL FLORES EST EN VILLE!!! Me semble que c'est clair, non?

– Qui prétend ça? Les médias?

– Non. Une amie l'a vu, pas plus tard qu'il y a deux minutes, au resto *Le Bistrot végétarien,* rue Saint-Denis.

– Il y a deux minutes! Comment peut-elle savoir que c'est lui? Il n'existe pratiquement pas de photos de cet écrivain. Celles qui circulent ont été prises durant sa jeunesse.

– Facile, ma chère! Sa voisine de table, la copine en question, a entendu le serveur lui demander : "Êtes-vous Samuel Flores?" Devant sa réponse affirmative, il lui a mentionné : "J'ai un message pour vous. La personne que vous attendez sera en retard à son rendez-vous." Il a effectué une pause avant d'avancer : "Est-ce que… êtes-vous l'écrivain… euh… l'auteur de *Nuit étoilée en zone libre?*" Eh bien, devine quoi?

– Quoi?

– Il a répondu OUI.

– Bye.

– Hein ! Comment ça, bye ?

– Do, il n'y a pas une seconde à perdre. Je file vers le restaurant.

– Wow ! Tu es déterminée !

– Oui m'dame.

– Je ne peux pas y aller avec toi : le boulot m'attend. Tu me raconteras tout plus tard. Promis ?

– Oui, oui. Merci pour ce tuyau. Bye.

– Bye. »

J'attrapai mon sac à main, fonçai vers ma voiture. Je m'accrochai à mon volant comme s'il pouvait m'assurer un équilibre. Je vacillais à la fois de peur et de bonheur.

Enfin la rencontre !

En chemin, j'essayai de taire les phrases du genre :

« Il ne sera plus là à mon arrivée. Si la personne qu'il attendait est maintenant avec lui, il ne pourra pas me parler en privé, ou me parler tout court. Peut-être refusera-t-il poliment mon bout de papier sur lequel j'inscrirai, de ma plus belle écriture, mon nom et mon numéro de téléphone… »

Je tentai de me concentrer, pas nécessairement avec succès, sur d'autres phrases élevant mon esprit vers de meilleurs dénouements :

« Son rendez-vous sera annulé, j'aurai donc du temps avec lui. Il va m'accueillir avec plaisir. Il ne me fera pas sentir dérangeante. Il me parlera des heures et des heures… »

Les vingt minutes qui suivirent s'étirèrent dans une lenteur exaspérante. J'eus droit au trafic complètement perturbé par des travaux de construction, une engueulade entre deux chauffards, le bris d'un feu de circulation à un carrefour et un camion de vidanges avançant au rythme de la cueillette des ordures.

Plus le temps s'égrenait, plus la tension montait en grade.

Ces contretemps me rappelèrent un moment particulier de mes études en lettres, à l'Université de Montréal, alors que je devais déposer mon travail de session dans le pigeonnier de mon professeur avant une heure précise. Je m'étais retrouvée coincée dans un embouteillage que des averses de neige furieuses avaient rendu monstre. Malgré mes explications, l'enseignant, dont la raison et l'indulgence avaient d'évidence foutu le camp quelque part dans sa vie, refusa de prendre mon travail, m'assurant d'un ton condescendant que toutes les excuses s'avéraient bonnes pour ne pas remettre mon devoir dans les délais prévus.

Allo, M'sieur ! Une tempête de neige… Je ne l'ai quand même pas commandée au gars du « shipping » d'en haut !

Dans l'ombre de cette session, je me construisis une carapace avec des mots – directs à souhait, mais remplis de diplomatie – ayant pour but de ramener cet homme à la considération et au respect de l'autre. Son ultime mission avait été de décerner des notes inférieures au talent de chacun, les culpabilisant et les affublant trop souvent du titre de « sans dessein ». Pourtant, il existait des jeunes avec des potentiels égaux, sinon supérieurs à lui ! À quoi lui servait-il de dénigrer autrui ? Le cours terminé, je lui envoyai une lettre lui exprimant mon désaccord sur ses méthodes d'enseignement et de notation, ainsi que sur ses dynamiques relationnelles. Du haut de son promontoire d'intelligence et de sagesse, jamais ce professeur n'osa s'abaisser à me répondre. Je souhaitai de tout cœur que ma lettre n'ait pas été un incitatif, l'année suivante, à davantage de persécution envers les étudiants inscrits à son cours.

J'arrivai enfin à bon port et je stationnai ma voiture à quelques mètres du *Bistrot végétarien*. Dès que j'ouvris la porte du restaurant, en sueur, échevelée, je l'aperçus en retrait, assis à une table près d'une fenêtre. Je le reconnus aussitôt par son allure d'écrivain-aviateur : veston de cuir brun, foulard blanc, l'air décontracté, le nez dans un bouquin… Même sans ces détails, j'en suis convaincue, mon âme l'aurait distingué entre mille.

Je figeai.

L'approcher… Oui, mais de quelle manière ?

Dans ce moment terrible d'indécision, je le dévisageai en silence, incapable d'amorcer un seul mouvement. Un zombie dans l'entrée…

---❧---

« Un nuage ne sait pas pourquoi il se déplace justement dans telle direction et à telle vitesse. Il ressent une impulsion... C'est la place où il doit aller maintenant. Mais le ciel connaît les raisons et les modèles derrière tous les nuages, et tu les connaîtras aussi, lorsque tu t'élèveras assez haut pour voir au-delà des horizons. »

Richard Bach,
Illusions ou Les aventures d'un Messie récalcitrant

---❧---

Chapitre 3

Sortant de ma torpeur, je regardai ma montre, une Lotus multifonctions. Son cadran noir, enchâssé dans un boitier rond d'acier, se voyait couronné d'une lunette ornée de petites pierres semi-précieuses, triangulaires et argentées. Ce bijou, au bracelet surpiqué de fils violets, m'avait été offert par un ancien amoureux, soucieux que j'évalue le temps séparant chacun de nos tête-à-tête. *Un peu trop dépendant, ce compagnon de vie !* m'étais-je dit, inquiète du développement d'une telle relation. Cinq mois après notre première rencontre, je le larguais au profit d'un célibat des plus libérateurs.

12 h 54.

Avais-je encore quelques minutes devant moi, avant le rendez-vous de Samuel Flores avec son invité ?

Qu'est-ce que je fais ? O.K., je passe près de lui et, comme si de rien n'était, j'échappe mon sac. Il se penche, le ramasse, nos yeux se croisent… Euh… Non. Classique ! Ridicule ! Je vais plutôt m'asseoir à la table libre à ses côtés. Je lui lance un sourire et nous engageons une conversation… En serais-je capable ?

J'avançai avec l'impression de faiblir à chaque pas.

Ouf ! Respire, Marisha. « Respire tout doux. » Il ne s'agit que d'un être humain, après tout… Faux ! C'est Samuel Flores. L'unique Samuel Flores. Un type qui, avant aujourd'hui, n'avait ni visage ni corps, une âme immatérielle et bienveillante m'ayant extirpée d'un précipice dans lequel j'étais tombée… Chuuuut ! Arrête ça, tu l'idéalises ! Sentier très dangereux… »

Rendue à sa hauteur, alors qu'il levait vers moi des yeux d'un bleu électrique, sans vérifier son identité – ni même respirer, je crois –, je lui déballai :

Monsieur, je m'appelle Marisha Vital. Je ne veux surtout pas vous déranger dans votre lecture. Je souhaitais simplement vous dire qu'à l'âge de quinze ans, vous m'avez sauvé la vie. Littéralement. Je comprends que vous puissiez être fatigué des gens qui vous abordent pour vous raconter leurs histoires et leurs réactions à vos écrits. Pourtant, je vous l'assure, j'aurais effectué des kilomètres et des kilomètres à pied, si j'avais su qu'au bout de la route, vous seriez là. Sans vous, sans vos mots, la personne devant vous n'existerait pas. Maintenant, pour éviter de vous importuner davantage, je m'en vais, mais sachez que je vous serai éternellement reconnais...

J'étouffai le dernier mot dans un sanglot. Prise de panique, je tournai les talons. Je m'apprêtais à franchir la porte du restaurant en vitesse, lorsqu'une main se posa sur mon épaule, arrêtant mon geste de fuite.

« Vous me faites courir, chère dame. Je vous en prie, veuillez vous joindre à moi. »

Un tremblement s'empara aussitôt de mon corps.

Reste tranquille, Marisha. Reste TRANQUILLE.

Je pris de profondes respirations, pendant qu'il attendait ma décision.

Samuel Flores m'invite à sa table ! Je ne dois surtout pas tomber dans le mutisme paralysant, le bégaiement, le rougissement... Ce serait terrible !

« D'accord, monsieur Flores », fis-je, nerveuse.

Ravalant mes larmes, je suivis l'écrivain. Je remarquai ses cheveux à peine grisonnants et sa carrure athlétique. Quand il marchait, il semblait ne pas toucher terre.

« Alors, Marisha, me dit-il, à peine assis, plongeant son regard dans le mien, nous nageons en plein destin. »

Cette affirmation flotta un instant entre nous, avant qu'il ne prononce de sa voix chaude et basse :

« Je suis d'accord pour garder le silence, si cela peut vous rassurer un moment. »

Quel être délicat !

Je lui souris timidement.

Allez ! Vas-y ! Parle ! Mais parle donc ! C'est ta chance. Ton unique chance !

Silence.

Si tu ne te décides pas à ouvrir la bouche, la personne qu'il attend se pointera et ce sera fichu ! Prends le risque... Tout de suite !

Silence.

Zuuuut ! Lance-toi, dis quelque chose...

Enfin, les mots surgirent d'une traite :

« Monsieur Flores, je suis impressionnée de me trouver devant vous. Des milliers et des milliers de vos lecteurs rêvent de ce privilège unique. Je ne sais trop quoi vous dire, sinon que j'attends ce moment depuis vingt-cinq ans...

J'arrêtai à peine le temps d'une respiration et je poursuivis :

« Vos histoires sont si réelles, si puissantes, si touchantes. Chaque fois que je pose mes yeux sur vos mots, vous m'entraînez vers des espaces nouveaux et mon monde intérieur s'anime d'une multitude d'images. Je ne démords pas jusqu'à la dernière page. Où trouvez-vous l'inspiration ? Dans vos souvenirs, dans le quotidien, dans vos rencontres ? Y a-t-il une façon spécifique d'écrire ?

– Il y a beaucoup, beaucoup à saisir, Marisha. Cependant, à tenter des explications trop rationnelles, il y a un risque de s'éloigner de l'expérience directe. Les terres de l'imaginaire sont fertiles. Les pesticides du mental aussi. Ils peuvent empêcher l'éclosion des fruits ou froisser la récolte de mots qui élaboraient une histoire. L'espace de l'écriture demande le silence et l'accueil. Ce qui cherche à émerger de la nuit, pour s'incarner dans le jour, a alors tout le champ libre pour s'étendre et se répandre en mots, sans l'interférence du rationnel, du moins au premier jet. »

Son calme et sa confiance détonnaient avec ma nervosité et mon anxiété. Comment expliquer cette paix se dégageant de lui, sinon par une simple logique : une intégration efficace de tout ce que lui-même avait enseigné dans ses livres.

« Marisha, vous expliquer ma philosophie et la manière dont je m'y prends pour écrire des histoires attachantes ne rejoindrait que votre penchant évident pour les activités intellectuelles. Ce qui est correct. Néanmoins, écrire va bien au-delà… On ne peut "attraper" la connaissance intuitive, ajouta-t-il. Comme l'air, elle se dérobe à toute tentative d'être saisie.

– Je comprends très bien. Permettez-moi de vous partager un souvenir léger. Jeune, j'essayais d'attraper l'air avec ma main. Échec retentissant ! »

Je vis un sourire se dessiner sur ses lèvres et une lueur d'amusement allumer ses prunelles.

« Le seul moment où j'avais l'impression d'une réussite, c'est lorsque je sortais ma main par la fenêtre d'une voiture, plein gaz sur l'autoroute. Quelle sensation particulière de sentir cet "invisible" en prendre le contrôle, évidemment, selon la résistance que je lui opposais ! Je lui en donnais, croyez-moi ! Il y a des gens qui se battent contre des moulins à vent, moi, contre le vent tout court.

– Contre rien, finalement, dit-il.

– Euh… contre le vent, non ?

– Contre rien de visible, en fait. »

Il demeura immobile, une véritable souche enracinée.

« Qu'est-ce que le vent ? s'enquit-il mystérieux, au bout d'un moment.

– De l'air en déplacement…

– Qu'est-ce que de l'air ?

– Si je me rappelle bien mes cours de chimie, il s'agit d'un mélange en quantités différentes d'azote, d'oxygène et de gaz rares – ne me demandez pas lesquels. À cette bouillie informe, mais non infâme, croyez-moi, s'ajoute surtout, ces temps-ci, un taux élevé de dioxyde de carbone ou, si vous préférez, de cet élément acidifiant notre planète. »

Il me sourit. Une jeune femme passa devant nous. Elle le regarda, puis se dirigea vers le buffet. Samuel poursuivit :

« Pouvez-vous voir ces fameux gaz à l'œil nu ?

– Non.

– Dans ce cas, Marisha, comment savoir qu'ils existent dans la réalité, sinon par l'apport de la science ?

– Justement, j'ai reçu cet enseignement dans mes cours de science, au collège.

– Donc, sans cet apprentissage, vous ignoreriez la présence de ces éléments chimiques dans notre univers.

– En effet !

– Ne les connaissant pas, pourriez-vous les imaginer dans votre esprit ?

– Non.

– Êtes-vous certaine de cela ?

– Bien sûr ! Comment pourrais-je imaginer ce que je n'ai jamais vu ?

– N'êtes-vous pas écrivaine ?

– Oui. N'empêche, si je n'ai jamais vu de l'azote pur, il me serait difficile de trouver des mots pour en donner une description. Je vais dépeindre quelque chose d'hypothétique, inventer, créer, mais à partir de notions déjà admises.

– Alors, dites-moi : vous battez-vous contre ce que vous avez appris et compris du vent ou contre le vent lui-même ?

– Très bonne question ! Hum... Je ne sais pas. Qu'est-ce que le vent, finalement ? Qu'est-ce que la réalité du vent ? »

Il hocha la tête. J'osai demander :

« Ce que je sais de la réalité et ce qu'elle est concrètement, n'est-ce pas la même chose ?

– Ce que vous savez de la réalité et de ses différents niveaux est infime, Marisha. Votre compréhension ne sera jamais complète, car elle ne peut se dévoiler dans son entièreté. D'autant plus qu'elle prend la forme que chacun veut bien lui donner dans son esprit. Nous sommes tous de fins créateurs de mondes illusoires, de concepts et de rêves, et nous croyons fermement qu'ils représentent la réalité.

– Si je saisis bien vos propos, nous baignons dans une mare d'illusions visuelles, auditives, virtuelles, de jeunesse, d'amour, d'optique… C'est à se demander s'il existe une réalité tangible et véritable.

– Je crois, Marisha, que la réalité telle que nous la percevons, n'est peut-être qu'un ensemble de leurres, d'apparences, de mirages, de distorsions et de constructions auxquels nous prêtons foi. Est-elle vraiment ce que nous croyons observer au moment où nous l'observons ? N'y a-t-il pas tous nos filtres personnels, bien fonctionnels, qui lui donnent sans cesse des couleurs, des définitions, des aspects différents qui n'ont rien à voir avec la vraie réalité ?

– Alors, la réalité, existe-t-elle vraiment ? A-t-elle un pays ? Un habitat ? Est-elle là-bas, ici, ailleurs, en moi, à l'extérieur, partout, nulle part ?

– La vraie réalité ? À mon avis, elle se trouve au-delà de nos représentations mentales, dans la plus infime seconde présente, dans une vastitude difficile à étreindre avec notre esprit. Personnellement, je l'expérimente comme une sortie du rêve, un effacement graduel de mon conditionnement à ne voir que d'une seule façon, soit de manière étroite et étriquée.

– Pas facile tout de même de sortir du rêve !

– S'en extirper est certes difficile, mais sortir de tous les "sens" que nous avons donnés à notre existence, pour demeurer dans l'irréalité, l'est encore plus.

– Oh ! Intéressant. Est-ce qu'on s'accroche au sens pour survivre ? Donnons-nous du sens à tout et rien pour nous détourner de nos angoisses existentielles ?

– Tout dépend de notre définition du "sens", Marisha. Pour Nietzche : "Ce sont les sens qui rendent les choses dignes de foi, qui leur donnent bonne conscience et apparence de vérité."

– Je suis contente de savoir que vous considérez la pensée de Friedrich Nietzche ; un de mes philosophes préférés avec Spinoza, Montaigne, Sartre... Mais pour revenir au sens, pourquoi l'être humain cherche-t-il tant à n'en donner à son existence ? À mon humble avis, il y a carrément une pandémie de sens dans notre société. Nous sommes toujours en attente de sens ou à créer du sens.

– Oui, mais est-ce le "vrai sens" qu'on lui accorde ou est-ce un pansement sur une plaie, sur un désir jamais rencontré, sur une blessure jamais évoquée... ?

– Je ne le sais.

– Pour certains philosophes et écrivains, il est essentiel de le trouver... Bien sûr, nous évoluons dans un monde de sens bien physique : la vue, l'ouie, l'odorat, le goût, le toucher. Mais il y a aussi le sens intuitif, comme celui de la vie. Freud croit que le sens de la vie n'existe pas de façon objective. La tradition judéo-chrétienne, elle, le trouve dans les Saintes Écritures... Le mot *sens* prend bien des sens, renvoyant à l'art de l'interprétation, à la sensorialité, à des interrogations sur la nature, sur la finalité de l'existence, et j'en passe.

– Il y a aussi la poétique rose des vents. Sans elle, ne perdrions-nous pas le "sens" de l'orientation ?

– Absolument, Marisha pleine d'humour !

– Plus sérieusement, tout de même, comment trouver la réalité authentique dans notre mer de sens et de non-sens ?

– Pour Nietzche, encore une fois, nous passons notre vie dans les illusions de la connaissance, les illusions de la vérité, les illusions de la morale, les illusions de l'art, les illusions de la beauté idéale... et j'ajoute, les illusions de nos petites lois personnelles... Ne sommes-nous pas tous enfermés, effectivement, dans le carcan de nos propres lois, de nos cadres, de nos petites vérités auxquelles nous donnons des *sens*? Notre liberté se tient peut-être juste à côté, prête à nous accueillir au moment de nous ouvrir à elle, dans le refus de nos nombreuses peurs et illusions.

– Je me demande si on veut réellement la trouver, la « vraie » réalité, car dormir s'avère toujours assez confortable, surtout quand les illusions sont douces et romantiques. En contrepartie, je pense aussi comme le philosophe Gustave Thibon : « Faire rêver les hommes est souvent le moyen le plus sûr de les tenir endormis – précisément parce que le rêve donne l'illusion d'être éveillés. »

La douceur de son sourire me fit chaud au cœur. Un courant électrique passa entre nous.

« Tout à fait vrai, chère Marisha! Et que de conflits nous générons chacun dans notre existence! Malgré tout, et heureusement, nous continuons de devenir, de nous parfaire et de croire en des "réalités" meilleures, à défaut de pouvoir sonder la vraie réalité.

– Ça fait *sens*… »

Samuel sembla soudain songeur.

« Vous attendez quelqu'un, demandai-je à brûle-pourpoint, soudain inquiète d'une interruption éventuelle dans notre conversation.

– Ça va. Je l'ai déjà rencontrée…, répondit-il, en me regardant curieusement. »

Je ressentis un apaisement s'installer en moi et un bonheur remplir mon cœur.

Je l'observai, mine de rien.

Je sais, je sais pourquoi cet homme m'intimide et me fascine à la fois. Il me regarde, ne me juge pas, ne fait pas semblant, il m'accepte, il m'écoute et il me parle. J'EXISTE!

« Monsieur Flores…

– Vous pouvez m'appeler Samuel.

– D'accord. Alors, Samuel, j'aimerais vous partager deux rêves particuliers auxquels j'aspire depuis longtemps.

– Je vous écoute…

– Le premier : voler en avion à vos côtés.

– Le deuxième ?

– Saisir et vivre l'écriture *de l'intérieur*, à votre manière et avec vous.

– C'est possible, Marisha. »

Je restai muette de surprise.

Que veut-il dire ?

Je n'investiguai pas cette affirmation et poursuivit :

« Pour tout vous avouer, à l'aube de la quarantaine, je m'agite encore de droite à gauche comme une girouette au vent. J'éprouve le besoin impérieux de me réapproprier mon existence, de mettre mes ambitions à jour, de les actualiser, de mieux saisir ce qui m'habite et ce qui intéresse le monde. N'est-ce pas là le plus important ?

– C'est connu, Marisha, il n'y a d'important que ce à quoi nous accordons de la valeur. Rien d'autre. Confucius a dit : "À quarante ans, j'ai cessé de balancer d'une chose à l'autre." Vous dites : "À l'aube de la quarantaine, je m'agite de droite à gauche." Puis après ? Allez là où bon vous semble. En route, n'hésitez pas de jeter à la poubelle vos préjugés et vos jugements négatifs. Pourquoi ajouter de la lourdeur au voyage ? »

Samuel Flores continuait de parler. Pour une conversation de départ, il ne pouvait s'en faire de plus profondes, de plus subtiles ! Mille fois plutôt qu'une, j'aurais voulu passer des journées entières à écouter cet homme. À boire ses paroles. À interroger ses perceptions de la vie. À m'enivrer de sa sagesse. Ce type ne cherchait nullement à entrer dans mon espace privé ni à forcer mes confidences. Il voyageait dans son esprit, là où sa pensée le menait, sans orienter sa course, me proposant simplement ses idées du moment.

Le silence prit place. Je n'osai l'interrompre. Au bout d'un moment inconfortable, en raison de l'intensité de son regard posé sur moi, je lui lançai n'importe quoi, question de ne plus sentir mon pouls cogner dans mes tempes :

« Savez-vous que Sandy Island n'existe plus ? »

Zut ! Vraiment n'importe quoi, Marisha ! Tu rencontres cet écrivain après toutes ces années d'attente et tu lui parles de la nouvelle de l'heure dans le journal !

« Oui, je suis au courant, Marisha. Ce n'est pas "n'importe quoi", par contre… »

Je tressaillis. Samuel Flores reprenait mes mots sans même les avoir entendus.

Comment peut-il savoir ? Il lit dans mes pensées, ou quoi ?

« Cela revient à notre propos précédent, poursuivit-il. Ce que je ne vois pas existe-t-il quand même ? Qu'est-ce qui est réel et qu'est-ce qui ne l'est pas ?

– En effet, Samuel…

– Malgré les équipements de repérage mis à leur disposition pour leur recherche sur la croûte continentale australienne, dans la mer de Corail, des scientifiques australiens n'ont pu trouver Sandy Island, pourtant indiquée sur toutes les cartes du monde, enchaîna-t-il. Cette étendue de terre aurait dû se trouver à mi-chemin entre l'Australie et le territoire français de la Nouvelle-Calédonie. Petit hic : la latitude suggérée par les géographes et les cartographes était inadéquate. J'ai souvent survolé Sandy Island. Elle ne se trouvait pas là où l'on prétend qu'elle n'existe plus.

– Oh !

– J'ai même amerri à plusieurs reprises près de cette île. D'ailleurs, son nom ne lui a pas été donné au hasard. Il s'agit d'un véritable banc de sable soyeux. Bref, tout ça pour vous dire que cette île existe bel et bien, parce que moi, je l'ai vue… »

Parce que moi, je l'ai vue… Il me disait là quelque chose d'important, mais je ne relevai pas ce point.

« Ce n'est donc pas une île fantôme ? »

Il demeura silencieux, fixant quelque chose derrière moi. Je n'osai me retourner… Une connaissance, peut-être ?

Sans lâcher du regard ce qui captivait son attention, Samuel affirma :

« Non. Sandy Island n'est pas une île fantôme. »

Après une hésitation, il ramena ses yeux vers moi.

« Saviez-vous que j'habite moi-même sur une île, près de la côte ouest des États-Unis ? »

Avec la naïveté d'un enfant, je lui lançai sans réfléchir :

« Oh ! J'aimerais bien aller vous visiter, un jour… »

Il n'afficha aucune surprise.

« Vous êtes la bienvenue, Marisha !

— Euh… En êtes-vous certain, réellement certain ? répondis-je, estomaquée.

— Mon invitation ne fait l'objet d'aucun doute. Par contre, je vous le dis tout de suite, je suis un gros ours qui invite très rarement des gens chez lui. Je suis disposé à vous ouvrir les grilles de ma tanière, parce que nous vivons, en ce moment, une rencontre d'âmes très particulière. De plus, c'était écrit, non ? »

Je faillis tomber à la renverse.

Je rêve… Comment peut-il deviner ce que je pense et crois depuis des années à propos de notre rencontre ?

Je me sentais soudain hors du temps, expérimentant un sentiment profond, ineffable. Tout allait si vite. Le passé rejoignait le présent, bouclait la boucle. Les événements se précipitaient : Samuel Flores au Québec, l'incroyable synchronisme d'une amie de Doris attablée à ses côtés dans un restaurant, le tête-à-tête avec cet auteur, l'invitation sur son île…

Toutes ces circonstances participaient-elles à tisser la trame d'une guérison en moi, et peut-être même en lui? Pas de doute, je magnifiais cette rencontre dont j'estimais que les buts secrets s'avéraient : le nettoyage de mes champs de bataille, l'effacement de mes programmations lamentables, les sutures de mes déchirures, les rapiècements des lambeaux de mon amour-propre… Il devait bien y avoir une fonction réparatrice, secourable, à nos rendez-vous éventuels!

Narcissique, va! S'il n'y avait rien, justement? Rien d'autre qu'une rencontre? Que des sourires à échanger? Que des partages et des enseignements à donner et à recevoir? Que des petits bonheurs à connaître? Que des liens à créer? Quoique ces derniers sont précurseurs de bien des blessures profondes… Tut, tut, Marisha! Pas de scénarios!

« Si vous le désirez, je vous invite à venir passer quelques jours chez moi. J'habite sur une île du Pacifique. Soyez sans crainte, je ne suis pas dangereux. »

Le silence s'éternisa dans le temps. Un silence blanc, comme je les appelle ; pur de tous les grincements du mental. Un silence complètement étranger à ceux dans lesquels pèsent le poids de la peur, le miroitement des différences, les comparaisons…

Curieusement, au lieu de réagir à sa proposition des plus alléchantes – comme si elle n'atteignait pas encore complètement les couches de ma conscience –, je répondis plutôt à son intervention précédente :

« Non, non. Je ne vous imagine pas dangereux, Samuel. Je ne crois pas qu'un homme ayant vendu des millions et des millions de copies de son livre, à travers le monde, risquerait sa réputation pour une Québécoise de mon genre…

– Vrai. Par contre, ça n'a rien à voir avec le nombre de copies de mes bouquins vendus et ma « réputation ». Je suis avant tout un homme intègre plaçant l'amour et la bonté au centre de ma vie. De plus, je conteste en douceur votre : "de mon genre". Vous vous mésestimez beaucoup, Marisha, n'est-ce pas? »

Une chaleur rougit mon visage. Ce type voyait juste. Depuis toujours, je m'étais considérée comme nulle et insipide. Nulle et insipide un jour, nulle et insipide toujours. On ne change pas en un tour de main l'enracinement labyrinthien de telles certitudes en soi, parce qu'un dénommé Samuel Flores pourrait prétendre le contraire!

J'éclipsai sa question:

« Vous n'aviez certainement pas l'intention de me faire du mal, de toute façon. C'est bien évident. »

L'écrivain me fixa un moment, comme s'il ne savait trop quelle direction prendre avec moi. Il ne revint pas sur ma faible estime personnelle.

« Soyez vraiment tranquille. Je suis trop respectueux des gens pour m'adonner sur quiconque à des gestes répréhensibles. Ça n'effleure même pas mon esprit.

– Je m'excuse. Mes réactions révèlent une fois de plus mes peurs et mes craintes devant l'inconnu. Je suis stupide. »

Je baissai les yeux. Son regard… je le sentais poser sur moi avec tendresse.

« Chère Marisha, aujourd'hui je retourne chez moi vers dix-neuf heures. Prenez le temps d'organiser votre agenda, de planifier votre voyage, de préparer vos bagages et lorsque ce sera possible, venez me rejoindre à Seattle. De là, un copain aviateur vous amènera jusqu'à mon île… »

Bulles de bonheur dans ma tête, dans mon cœur: ploc, ploc, ploc… Ce n'est donc pas un rêve. Il m'invite vraiment chez lui! Qu'importe, finalement, que tout aille si vite!

Sans réfléchir aux conséquences d'une absence prolongée sur mon travail d'écriture, je répondis à son offre par un OUI ferme, sans demi-mesure. J'ajoutai, fébrile:

« Où se trouve votre île, plus précisément?

– Dans l'état de Washington, au nord-ouest des États-Unis. Elle fait partie d'un archipel se composant de sept cent douze îles et îlots, pas tous habitables, bien sûr. Les Espagnols ont été les premiers à le repérer, en 1791. L'année suivante, les Anglais l'occupaient et quatre-vingt-un ans plus tard, il était annexé aux États-Unis. Ces îles sont un véritable havre de paix et des perles de beauté pour un imaginaire en quête d'inspiration. »

Je le vis porter de nouveau son regard derrière moi et sursauter de façon à peine perceptible. Mue par une impulsion, je me tournai d'un bloc.

AAAAAAHHH !

J'arrêtai de respirer un moment, puis je dégringolai au fond d'un couloir étoilé, sans aucune prise... Je glissai, glissai..., jusqu'à atteindre le néant.

———❧———

« Je m'arrêtai au pied des marches, la main sur la rampe. Je savais que mon corps était toujours couché dans l'herbe, rêvant sous les étoiles, bercé par une respiration profonde. Je savais que je pouvais me réveiller quand je voulais, que tout ce que je voyais était le fruit de mon imagination. Mais il y avait longtemps que j'avais banni de mon vocabulaire l'expression "Cela n'existe que dans ton imagination". Convaincu que tout, dans le monde physique, n'est que chimères habillées de façon à avoir l'air solides, je n'étais pas près de me réveiller de cet endroit ou d'en sous-estimer l'importance. »

Richard Bach, *De l'autre côté du temps*

———❧———

Chapitre 4

*L*e soleil tombait des fentes du store vertical comme dans un précipice. Une lumière aveuglante toucha mes yeux provoquant un réveil brutal.

Où suis-je ?

Un mouvement non loin mit mes sens en alerte.

« Qui est là ?

– Soyez sans crainte, Marisha. C'est Samuel Flores. »

La silhouette d'un homme apparut dans l'entrebâillement de la porte. *Samuel Flores ? L'écrivain ?* Il me fallut un moment avant de me souvenir des minutes précédant mon évanouissement. À ces rappels, je devins nerveuse, rougissante et angoissée.

« Comment allez-vous ? s'enquit-il, visiblement soucieux.

– J'ai un mal de tête incroyable, et là, votre présence près de moi : deux parfaites incompatibilités ! Euh… Que s'est-il passé exactement ?

– Vous vous êtes assommée d'aplomb sur le plancher en tombant de votre chaise. Un ambulancier, demandé d'urgence, vous a amenée ici, à l'hôpital, pour s'assurer d'aucune complication. Finalement, rien de grave, sinon une petite blessure et une commotion cérébrale. On a enroulé votre tête avec un beau turban de gaze et si, d'ici deux heures, vous continuez de récupérer aussi bien, vous pourrez vous lever et rentrer chez vous.

– Eh bien ! Si je m'attendais à un tel dénouement !

– Une amie pourrait-elle vous apporter son soutien ? Je dois partir, vous savez…

– Il y aurait Doris. Allez, ne vous inquiétez pas et filez à l'aéroport. Elle arrivera en courant à ma résidence, ce soir, après mon retour de l'hôpital. »

Do ne manquera sûrement pas, pour tout l'or du monde, de venir aux nouvelles…

J'ajoutai :

« Je prendrai un taxi.

– D'accord. Me voilà rassuré. Ce fut un grand plaisir, Marisha, de vous rencontrer à ce restaurant. Je m'éclipse en douce et je vous dis à très bientôt. Je vous ai laissé mes numéros de téléphone : cellulaire et à la maison, ainsi que mon adresse courriel sur votre table de chevet. Dès que vous serez sur pied, nous organiserons votre visite chez moi. Ça ira ? »

Il me demande si "ça ira". Étendue à l'hôpital avec un traumatisme crânien et la présence, à mes côtés, de cet écrivain de mon adolescence qui me convie à un huis clos chez lui…

« Oui, oui, ça ira. Je touche presque le nirvana.

– Je sais… »

L'intensité de son regard me plaça devant l'évidence. Oui, il savait… Il savait l'importance que j'accordais aux revirements de situation drastiques qu'il avait générées dans ma vie - sans les connaître dans leur entièreté - ainsi qu'à nos rencontres futures.

Un silence s'amplifia entre nous. Incroyable, tout de même, dans l'instant du départ, ce qui se terrait dans les non-dits, les miens, en tout cas. Chacun d'eux était rempli de possibles à déployer, à révéler, à exposer ou à continuer de taire, à garder muets dans l'abri secret de mon monde intérieur.

Deux heures plus tard, alors que je relaxais enfin dans mon vieux sofa moelleux, la clochette retentit furieusement dans l'appartement.

Tiens ! Voilà Doris, la douce, la pondérée, la posée…

Ding, ding, ding, ding…

« Ça va, ça va, j'arrive. »

La porte à peine ouverte, Doris entra dans le portique et se planta devant moi, hors d'elle-même.

« Qu'est-ce qu'il t'a fait ?

— Pardon ?

— Ne tente pas de t'esquiver. Je veux tout savoir.

— Do, il faudrait que tu te calmes d'abord. Allez, viens t'asseoir au salon. Je vais te préparer une tisane tranquillisante, double poche dans ta tasse.

— Pourquoi ce bandage ? Pourquoi l'hôpital ? Je répète : "Qu'est-ce qu'il t'a fait ?"

— Chut ! Tu vas effrayer mes coquerelles ! »

Doris s'arrêta net.

« Des coquerelles ! Il y a des coquerelles chez vous ?

— Pas du tout. Je voulais te ramener sur terre deux secondes. Tes pensées ont l'air d'un brusque envol d'oiseaux après un tir de chasse.

— Vois-tu, si tu répondais à mes questions, je m'apaiserais peut-être.

— Il faudrait, pour cela, que tu me laisses un peu d'espace pour te raconter ma rencontre avec Samuel Flores.

— Finalement, je pense que j'ai besoin de ta tisane, Marisha. Si jamais j'apprends qu'il a osé te…

— Arrête ça tout de suite, Do ! Viens t'asseoir à côté de moi. »

Elle marmonna quelque chose d'incompréhensible avant d'aller sauter sur le divan et de mettre ses mains sur ses hanches, ce qui, habituellement, représentait un signe de défi. Je ressentis un élan de gratitude envers cette Doris qui me témoignait sa solidarité. Sur quoi pouvait reposer notre amitié – une tonne de réactions nerveuses et affectives –, sinon les complicités et le soutien indéfectible, même désordonné et échevelé, durant les tempêtes ? Dans ce cas-ci, elle croyait dur comme fer qu'il s'agissait d'un vent violent sous un ciel menaçant…

« Merci, Do, pour ta présence inestimable dans ma vie, bien que parfois fougueuse et intense. Tu es spéciale, unique, exceptionnelle, géniale… »

Elle me coupa, impatiente :

« Hors sujet ! Pourrais-tu me dire ce qui se passe, au lieu de me bombarder de qualités ?

– Bien sûr. Avant, veux-tu un morceau de gâteau au chocolat ?

– Au diable le choco et crache le morceau !

– J'y arrivais, justement… »

Elle ronchonna quelque chose d'incompréhensible avant d'éclater de rire. L'atmosphère enfin libérée de quelques tensions, je lui rapportai mon histoire.

« C'est super, Marisha ! lança-t-elle au bout d'un silence hébété. Tu sais, je pourrais aisément me réduire à plus minuscule qu'un grain de sable pour que tu m'amènes avec toi sur son île. Nous sommes des "chums", non ?

– Ton sentiment de confiance est fort louable. Par contre, tu peux continuer de rêver…

– Pas question ! Il est temps de sonner le réveil pour que tu comprennes enfin mon incroyable utilité dans le déroulement de ta vie. Ne suis-je pas au centre même de cette rencontre entre toi et Samuel Flores ? N'eût été ma vive présence d'esprit, tu serais encore en train de taper des mots sur ton ordinateur et tu n'aurais pas l'air d'une hindoue avec ton serre-tête. Je t'ai ouvert le chemin pour que tu accomplisses le premier pas dans ton existence de contemplative. Tu m'en dois trois plutôt qu'une.

– De contemplative ? Qu'est-ce que tu racontes ?

– Oui, une vie à contempler l'œuvre sublime de Samuel Flores et pourquoi pas, le mec aussi. J'ai donc droit au respect et aux dividendes avec intérêt. Quand partons-nous ?

– Tiens, fis-je en retirant mon bandeau. Tu en as plus besoin que moi. »

Je m'attendais à un éclat de rire. Son visage s'assombrit comme un ciel de mer à la veille d'un orage. Aucune éclaircie en vue. Elle me demanda avec cet humour toujours présent, même au plus fort de ses agitations :

« Qu'as-tu vu, au restaurant, pour perdre ainsi la carte et fracasser la pièce principale de ton artillerie ?

– Je ne suis pas si métallique que ça, Do ! fis-je.

– Non, mais tu es souvent difficile à percer. Tu ne réponds pas à ma question », ajouta-t-elle, les sourcils froncés.

Un tremblement inopiné, que ne fut pas sans remarquer Doris, vint troubler mon calme relatif. J'essayai de fuir les images qui s'imposèrent de nouveau à mon esprit…

« Très clairement, quelque chose t'a dérangée et te dérange encore », s'énerva-t-elle.

M'ouvrir en toute quiétude à Doris demeurait impensable. Ma confession risquait de se heurter à de l'incompréhension, même à une fermeture de sa part, entraînant, du coup, un possible rejet de ma personne. Je ne souhaitais pas cette avenue. Notre amitié ressemblait à une chanson. Nous seules en connaissions les paroles. Si nous savions la fredonner en tout temps, nous détenions aussi le pouvoir de la cesser sans avertissement, devant des divergences devenues irréconciliables. Dans l'immédiat, je ne ressentais pas le besoin de taire nos voix. Même si elles ne s'accordaient pas tout le temps, nous parvenions toujours, tôt ou tard, à trouver la note juste pour mettre un terme à nos brouilles. Puisqu'entre nous existait la question de l'honneur, je considérai donc inutile de lui baragouiner un mensonge. Pour l'heure, la prudence me dictait de conserver mon secret.

« Je ne peux t'en parler, Doris.

– Comment ça ?

– J'en suis incapable. C'est trop personnel…

– On s'est toujours tout dit…

– Faux ! Nous nous sommes confié nos folies, nos rêves, mais jamais rien de trop collé à nos expériences ou touchant nos zones sensibles et profondes.

– Vrai. Mais je t'assure, Marisha, je n'ai pas d'opinions mauvaises sur ce que tu pourrais me dire.

– Bien sûr, parce que tu ne sais pas ce que je pourrais te dire. »

Elle poussa un long soupir.

« Pourquoi ne ferais-tu pas exception ? Je suis là. À quoi bon l'amitié, surtout après tant d'années, si nous restons dans nos limites respectives ? Allez. Tu m'en dis un bout. Je t'en dévoile un également.

– Ça ne fonctionne pas comme cela, Do. Tu le sais.

– Bon, bon… d'accord, je n'insiste pas. Par contre, dès que tu décideras de lever tes barrières, lâche-moi un cri. J'arriverai en courant. Ça m'est insupportable de te savoir souffrante pendant que je suis confinée au rôle mineur de témoin, sans savoir de quoi, exactement.

– Doris, je suis épuisée. Ma migraine s'estompe, mais ma fatigue s'amplifie de seconde en seconde.

– Désolée. J'oubliais que tu sortais de l'hôpital. Je te laisse sans plus tarder à ta détente. Avant de partir, dis-moi, au moins : à quel moment penses-tu aller rejoindre le "membre de ta famille" ?

– Tu ne l'as pas oublié, celle-là !

– Pas du tout.

– Dès demain, je vais lui écrire un mot et lui demander quel serait le moment le plus approprié pour me rendre sur son île… »

Après une pause, j'ajoutai :

« Te rends-tu compte de ce que je viens de dire, Do ?

– Oui, ma chère. Tu es en train de te préparer un voyage de rêve.

– Un voyage de rêve..., fis-je, songeuse. Est-ce que je mérite vraiment ça ?

– Pourquoi en doutes-tu ? »

Sur le pas de la porte, Doris me demanda des nouvelles de Roy.

« Me semble qu'il y a belle lurette que je n'ai pas entendu parler de notre globe-trotter. As-tu reçu un courriel ou une lettre de lui, récemment ?

– Rien. C'est étrange ce silence.

– Si jamais il se décide à te gratifier d'un mot, tu le salueras de ma part.

– Entendu. »

Elle partit la tête haute, non sans m'assurer de sa disponibilité à toute heure du jour et de la nuit, en cas de besoin. Cette chère Doris ! Elle avait souvent coutume de mentionner que rien, mais absolument rien ne devait ébranler nos assises – même si dans sa propre vie, elle se transformait en véritable girouette à la moindre rafale. À son avis, au premier signe d'un effondrement possible, nous devions aussitôt nous secouer, aller magasiner, nous bourrer de frites, visionner le film de l'heure ou nous appeler l'une et l'autre... Je souris à cette pensée. Les réflexes de mon amie ne concernaient jamais l'intériorisation et la quête personnelle. Au contraire, tout pour fuir à la minute où une brèche survenait dans son mur de défenses, où émergeaient les sentiments et les émotions ayant le potentiel de ramener une de ses blessures à la surface.

Je ne me considérais pas supérieure à Doris, loin de là. J'admirais sa manière de valser avec les événements, sans les laisser exercer une emprise croissante et étouffante sur son quotidien. Pour ma part, je prenais simplement un chemin différent. Je m'abreuvais aux écrits de Nietzsche, pour qui nos défauts sont les yeux par lesquels nous voyons l'idéal. De Montaigne, aussi, qui préférait forger son âme plutôt que de la meubler. Les deux me servaient de points de référence pour construire, changer ou détruire mes schèmes de pensées. Quand le mal de vivre venait infecter mes jours, que mes passions s'usaient aux vents de l'adversité, je me plongeais dans la lecture de leurs textes et j'en dégageais les grandes lignes afin d'approfondir mes propres réflexions.

Parfois, je me demandais s'il ne serait pas souhaitable, pour ma santé mentale, d'adopter les consignes de Doris: aller magasiner, manger beaucoup de frites, visionner le film de l'heure et appeler mon amie. À trop vouloir me rendre au bout de moi-même et à trop tenter d'extirper les grains de sable dans mes mécanismes dysfonctionnels, est-ce que je ne ressemblais pas au ressac cognant les mêmes rivages, ignorant les autres berges, les autres terres, les autres masses d'eau? Une transformation profonde pouvait-elle s'effectuer à l'intérieur de ma démarche personnelle? Si oui, comment franchir mes limites et visiter ces ailleurs intérieurs dont je me refusais l'accès en raison de mes craintes neutralisant mes plus pressantes envies de changement? Ironie ou pathétisme, prisonnière de mes chaînes, je ne cessais de parler de liberté…

J'inspirai à fond.

Si Doris parvenait à traverser son existence en ne donnant pas de poids aux situations négatives, en sautant par-dessus ses remblais de peurs, en fuyant toute personne recourant à la violence ou lui témoignant du mépris, pouvais-je, moi aussi, suivre ses traces?

Certes, j'atteignais certains niveaux de conscience, mais je restais encore agglutinée à ce qui m'avait définie par le passé. Au lieu de mettre l'accent sur mes forces et sur une plus grande ouverture d'esprit, je me plaçais dans la double injonction de me soustraire aux regards des autres et à leur aide. Avec moi, la confiance perdue ne pouvait se rebâtir, car en parallèle, le doute se renforçait et consolidait le mur derrière lequel je me réfugiais. Était-ce plus facile d'accepter Doris ou Roy, en raison de leurs coudes à coudes fraternels et de la distance relative qu'ils appliquaient sur ma vie privée? Difficile à dire…

En me levant, je fus saisie d'un étourdissement. Le plancher valsa sous mes pieds. Pendant un moment, je pris appui sur le dossier du canapé. Puis, à pas de tortue, j'allai me servir une tasse d'eau chaude, dans laquelle j'ajoutai un peu de citron, avant de retourner dans le salon.

J'attrapai le livre de Samuel sur la table, je m'étendis sur le divan et m'emmitouflai douillettement dans une couverture de laine à carreaux. Malgré la chaleur de l'été, on aurait dit que l'hiver logeait en moi ; des frissons et des tremblements me parcouraient de la tête aux pieds. Je recommençai ma lecture pour la énième fois, même si mes yeux clignaient de fatigue.

Avant que les mots ne se brouillent définitivement devant moi, je croisai cette phrase :

« Jeter tes visions au rebut, sans les considérer, c'est éteindre la parole de l'invisible... »

« Ça ne t'est jamais arrivé, quand tu as un problème qui te trotte dans la tête, d'ouvrir le premier livre qui te tombe sous la main et de regarder ce qu'il te dit ? »

Richard Bach,
Illusions ou Les aventures d'un Messie récalcitrant

Chapitre 5

*L'*automobile venait de glisser sur la chaussée et de se déporter sur la droite, avant d'aller frapper violemment une paroi rocheuse. J'en sortis ébranlée, mais indemne. Je tentai d'avancer par la gauche. Un amoncellement de neige bloquait mon chemin. Je contournai le véhicule. Je pressentais que Roy, expulsé avec force de l'auto sous l'impact, nécessitait des soins immédiats. Par une chance inouïe, une voiture passerait dans cette région isolée, inhabitée. Néanmoins, je doutai de cette possibilité.*

Lorsque j'aperçus mon ami couché sur le sol, quelques pieds plus loin, blanc comme l'albâtre, les yeux fermés, la peur se tailla une place profonde en moi. Je me ressaisis rapidement. Plus tard seulement, je pourrais m'abandonner aux émotions intenses provoquées par cette cruelle adversité. Pour l'heure, toute ma concentration devait servir à extirper Roy de sa situation critique. Tout délai pourrait s'avérer fatal...

Je retournai à l'auto pour fouiller dans le coffre. Roy, en voyageur expérimenté, avait emporté du matériel de survie. J'y trouvai ce dont j'avais besoin, dans l'immédiat.

Ne voulant pas déplacer mon ami sans connaître la nature et la gravité de ses blessures, j'essayai tant bien que mal d'installer une couverture sous lui. Dans sa condition, le sol froid risquait d'hypothéquer ses chances de s'en sortir vivant. Par mesure de précaution, je décidai de mettre des petits sacs chauffants sur son corps. S'il advenait un déséquilibre dans la préservation de sa chaleur, celle émise artificiellement le maintiendrait au moins en état de survie.

En descendant la fermeture éclair de son manteau, la stupéfaction me figea sur place. Il portait un habit de moine, une sorte de châle pourpre drapé autour de son torse, confectionné à partir de bandes de tissu. Une jupe rouge complétait le costume. À cause de la longueur de son anorak, je n'avais pas remarqué sa tenue vestimentaire. Un mala, constitué de grains de bois, enfilés comme les billes d'un chapelet, ornait son cou.

Qu'est-ce qui se passe avec Roy? Est-il devenu bouddhiste? S'agit-il là de la surprise dont il voulait tant me parler dès notre arrivée à Katmandu?

Je remontai rapidement la fermeture à glissière, après avoir placé deux sacs sur lui: un sur sa poitrine, l'autre sur son ventre, effectuant par la suite une simple pression sur leur pastille afin de provoquer une émission de chaleur. Une circulation sanguine efficace vers ses mains et ses pieds devait être maintenue, permettant ainsi aux organes vitaux de conserver un maximum d'énergie. J'en mis aussi de plus petits dans ses mitaines, même si ces dernières étaient chauffantes. Ensuite, pour m'assurer que seul un minimum de peau soit exposée au grand froid, je rajustai sa tuque, relevai son capuchon, dont je nouai les cordons, vérifiai que les jambes de son pantalon, sous sa jupe, se trouvaient bien rentrées dans ses chaussettes, relaçai ses bottes et j'installai sur lui une couverture se voulant sécurisante et rassurante.

Roy ouvrit péniblement les yeux. Sa bouche grimaça de douleur.

« J'ai très mal à la tête et ma jambe gauche est sûrement cassée, parvint-il à articuler d'une voix rauque. Des côtes sont fracturées, aussi, je crois… »

Je lui posai les questions apprises dans mon cours de secourisme et de réanimation cardiorespiratoire pour vérifier s'il souffrait d'une commotion cérébrale.

« Quel est ton prénom? »

Il me regarda, un peu ahuri.

« Roy.

– Où sommes-nous?

– Quelque part… sur une montagne du Népal.

– As-tu des étourdissements? »

– Un peu, quand je bouge la tête.

– Hum… As-tu la nausée ?

– Non.

– Des bourdonnements dans les oreilles ?

– Non.

– Une vision trouble ?

– Un peu. »

Je regardai le fond de ses prunelles. Une légère dilatation…

« Ne t'inquiète pas, Roy ! Je vais partir à la recherche de secours, à moins que tu préfères ma présence à tes côtés, cette nuit. Je prendrai alors la route demain, à l'aube.

– Tu n'auras pas peur, à la noirceur, toute seule dans cette contrée sauvage ? »

Je compris qu'il ne supporterait pas son mal longtemps. Qu'il n'existait pas d'alternatives dans cette situation !

« Un peu, mais je penserai à toi et ça m'insufflera l'élan nécessaire pour aller de l'avant. Je suis vraiment soucieuse de ta condition et aussi, très angoissée à l'idée de te laisser seul, ici.

– Ne le sois pas, je suis protégé, Marisha.

– Que veux-tu dire ?

– Selon un sûtra indien, si je porte le Kasâya, je serai préservé de tout danger, fit-il, la voix éraillée par la souffrance.

– Le quoi ?

– Le Kasâya, le Kesa, l'habit de chiffon, ou ce que je revêts en ce moment, si tu préfères…

– Ça commence mal pour la protection, en tout cas ! J'ai vu mieux sur une route enneigée, à des kilomètres de toute habitation, toi blessé, la voiture endommagée, la nuit qui viendra dans à peine deux heures, la température qui baissera…

— Je t'expliquerai, Marisha… Pour le moment, mes propos peuvent te sembler incompréhensibles…

— Tu ne pourrais dire mieux, mon cher Roy ! »

Il mentionna d'une voix s'affaiblissant de plus en plus :

« Suis la route et consulte le plan… Ils te mèneront… à une lamaserie à environ… trente kilomètres d'ici… »

TRENTE KILOMÈTRES !!! Mon Dieu, aidez-moi ! Je suis en terre inhospitalière et inconnue…

Roy poursuivit :

« Retourner en arrière est impensable. »

Je tentai de camoufler ma peur, pour ne pas lui créer une inquiétude supplémentaire, dont il n'avait nul besoin. Néanmoins, difficile de se dépouiller de réactions et d'émotions spontanées quand, soudain, la possibilité de la mort vient troubler jusqu'à la plus infime parcelle de tranquillité en soi. J'y parvins pourtant en détournant rapidement mes pensées et en déversant sur mon ami une vague de tendresse, ainsi que des mots destinés à lui donner le courage nécessaire pour surmonter l'épreuve en mon absence.

« Roy, ne crains pas. Ça va aller. Tu vas t'en sortir, je te le promets, foi de Marisha !

— Merci… mon… amie. Tu es… tu es… »

Je me penchai vers son oreille :

« Chut ! Pour ne pas t'épuiser, je ne veux plus que tu parles, c'est un ordre. Pour une fois que j'ai la chance de t'en donner un ! Lorsque j'aurai monté ta petite tente autour de toi, dont je vais couper le fond, j'irai à la recherche de secours. La voiture, une perte totale, ne peut te servir de refuge. »

Il s'efforça de sourire et ferma les yeux en émettant un soupir de soulagement. Je lui donnai un baiser sur la joue et rabattis son foulard sur une partie de son visage. Après avoir installé tant bien que mal son abri de toile, je le rassurai une fois de plus avant de partir…

« Je te le promets, Roy, tu vas t'en tirer qu'avec de mauvais souvenirs. Tiens bon, car je compte sur toi, tu sais… »

Je renversais les rôles pour lui offrir une responsabilité qui le maintiendrait en alerte.

Avant qu'ils ne se ferment, ses yeux embués m'indiquèrent toute sa reconnaissance. Je restai là quelques secondes à le regarder, puis je partis rapidement.

Abandonner mon ami dans la neige, le froid et la solitude me ravageaient le ventre, me donnait le vertige. Je me tournai une dernière fois, le cœur tourmenté, et j'entrepris de monter le chemin serpentant dans la montagne. Au bout d'une heure, à ne voir que blancheur hivernale autour de moi, à ne repérer aucun signe de présence humaine, quelque chose se rompit dans mes profondeurs. Était-ce l'après-choc? La peur? De mémoire, aucun son dans ma vie n'avait franchi ma bouche avec autant d'intensité et de puissance. Je criai jusqu'au point ultime de manquer de souffle. Puis, je repris une respiration. À peine l'air inhalé, je l'expulsais de nouveau dans des geignements déchirants, incontrôlables. Moi, habituée à la retenue, je me livrai sans pudeur à mon désespoir.

Au bout d'un moment, épuisée, je m'effondrai près d'une roche et pleurai, malgré le froid transperçant mes vêtements, et ma peau se rigidifiant au contact du vent glacial. Devant moi, la neige se parait de la dorure des dernières heures du jour. Je me sentais si seule, si impuissante…

Ai-je laissé Roy à la mort?

Je restai là, immobile, à observer une longue nappe de nuages s'accrocher aux cimes, s'imbiber des nuances du soleil couchant. La noirceur s'installait en un rien de temps dans les montagnes. De plus, au cœur de cette région himalayenne, un écart aussi surprenant que 50 degrés pouvait facilement séparer le jour de la nuit.

Je m'arrachai à ma désolation. Il me fallait reprendre la route, Roy avait besoin de mon aide. Je n'avais certainement pas le temps d'une telle pause. Une progression, un pas à la fois, voilà ce qui comptait pour le moment.

Soudain, tout près, un mouvement, un bruissement, à peine perceptible.

Je me tournai. Deux yeux ronds et verts me regardaient tendrement.

Julie-Anne!!!

Au même instant, un voile noir me couvrit entièrement…

Autour de moi, rien n'avait bougé, sinon le livre de Samuel Flores tombé sur le plancher.

Qu'est-ce que je venais de vivre là? Un rêve ou l'anticipation d'un événement tragique? Où se trouvait Roy en ce moment? Courait-il un danger réel? Avait-il déjà traversé le seuil de la vie, faute de secours immédiat?

Non, non. Je ne devais pas penser à cette perspective. Mon ami s'avérait un battant féroce devant l'adversité. Nous avions grandi ensemble, joué au hockey – lui, musclé, à la défense, moi, fluette, au centre –, nous avions combattu les mêmes causes, étudié dans le même programme de littérature à l'université, voyagé en Grèce à la recherche de l'énigme des Atlantes, et quoi encore. Au temps fou de notre adolescence, Roy, Doris et moi avions scellé un pacte entre nous : ne jamais mourir sans prévenir l'un et l'autre de notre départ. Un rituel avait accompagné notre accord : une aiguille, une piqure dans chacun de nos index, un mélange de notre sang, et voilà, nous étions unis à la vie, à la mort. Farfelu? Peut-être. Pourtant, j'y avais cru… D'ailleurs, cette prescience mystérieuse ne m'avertissait-elle pas de son décès imminent si je ne parvenais pas à lui venir en aide?

Comme pour effacer le drame qui venait de se jouer dans ma tête, j'agitai une main devant mes yeux, sachant d'avance ce geste inutile. Tant que je n'aurais pas élucidé cette vision, elle s'incrusterait dans mon présent et hanterait ma vie. De toute manière, rien ne pouvait effacer ce qui s'inscrivait avec force sur l'écran de mon esprit, à des moments les plus imprévus.

Dès ma tendre enfance, j'avais développé le don des «précognitions». Je préférais ce mot à *prémonition*; trop galvaudé, trop ésotérique, attirant constamment ce genre de déballages superficiels : « Tu es voyante? Tu devines le futur? Est-ce que je vais rencontrer l'homme de mes rêves? Quels sont les numéros gagnants de la loterie? » Je ne voulais pas de ces requêtes dans ma vie, même si je respectais le véritable besoin s'y cachant derrière.

Ma très grande sensibilité, je crois, m'avait valu d'accroître, bien inconsciemment, ma capacité de *voir* et de *ressentir* ce qui se perd dans le champ de la perception normale. Je n'avais pas de contrôle sur cette faculté, ni par la pensée, ni par la volonté, ni par tout autre moyen, me laissant ainsi souvent pantoise. Par contre, je me gardais bien de sous-évaluer les informations reçues, tant elles s'avéraient véridiques – quand, bien sûr, il s'agissait de « vraies » visions.

Ce genre de manifestations survenait sans avertissement. Parfois, elles prenaient l'allure d'un scénario, d'un film joué sur l'écran de mon esprit. D'autres fois, il s'agissait d'un flash – associé ou non à une sensation physique. Il m'arrivait même, à certaines occasions, en regardant une personne de biais, de voir un rayon balayer son corps, comme le ferait un scanner détectant aussitôt les zones d'ombre : indices incontestables de problèmes de santé. Pas de tout repos ! Par bonheur, je ne percevais pas que les misères et les catastrophes. Des événements heureux et joyeux, grands et petits se révélaient aussi à mon attention, moins souvent, cependant. Cette capacité de « lire les événements » m'incitait à m'interroger sur mon vécu. Quelle est cette existence que je mène : celle des autres ou la mienne ?

Lorsqu'à certains moments, je croyais les visions enfin disparues de ma vie, immanquablement, elles apparaissaient de nouveau de façon inattendue. Posséder un tel don, sur lequel je n'avais aucune emprise, représentait une véritable difficulté. Pas évident de *voir* une situation jamais advenue ou inconnue d'une personne, apparaître devant moi ! Pire encore, de ne pouvoir lui divulguer le contenu de cette vision, tout en sachant l'importance qu'elle revêt ou revêtira dans sa vie. Je me demandais souvent à quoi me servait de connaître des informations passées, présentes ou futures si, finalement, je devais m'en tenir au silence et… m'inquiéter, seule dans mon coin.

À l'occasion, des éléments sans lien s'inséraient dans mes visions, par exemple, la venue soudaine, en plein cœur de l'Himalaya, de la petite fille rencontrée au café *Second Cup* de Notre-Dame-de-Grâce. Ce simple ajout, sans rapport, me faisait alors douter de la globalité de la vision. Pourtant…

Je me levai, chancelante, j'ouvris la porte du balcon et sortis humer l'air du soir. La lune brillait dans un firmament piqueté de corps célestes. Même la ville avait allumé ses propres étoiles dans les chaumières, conférant au paysage une allure de fête. L'esprit troublé, je me sentais très loin d'un chant à la gloire de la nuit…

Roy, où es-tu en ce moment ? Tu es parti depuis trois mois et depuis, Doris et moi sommes sans nouvelles de toi. Le Népal, ce n'est tout de même pas sur une autre planète ! Quoique... Appelle-moi. Ne loue pas une vieille bagnole bleue, avec des lignes blanches imprimées sur sa carrosserie. S'il te plaît, donne-moi signe de vie...

La sonnerie du téléphone me fit sursauter. J'entrai en courant. Qu'un seul tintement avant le silence. Je me penchai vers l'afficheur. Aucune inscription. La personne avait raccroché trop vite.

J'allai fermer la porte du balcon et, à bout de nerfs, je revins m'installer sur mon sofa. Je restai longtemps en présence de mon tumulte intérieur, à fixer le plafond.

Pourquoi ce froid me glace-t-il jusqu'aux os ? Si cette vision n'était que pure création de mon esprit, je me dirais simplement : « N'as-tu pas autre chose à faire, Marisha, que de te perdre dans des couloirs de pensées négatives et dans de folles inquiétudes... pour rien ? Puis, zut ! Où es-tu, Roy ? Pourquoi le Népal ? Les routes sont hasardeuses dans ces régions du globe, méandreuses, proches de précipices. Les escarpements sont inégaux... »

Un éclair de réalité – autant que cela se peut à propos d'une vision – vint me surprendre... J'avais moi-même voyagé dans cette voiture, puisque j'en étais sortie ébranlée, que je l'avais contournée, que...

Qu'est-ce que tout cela signifiait ? Pourquoi me trouvais-je avec Roy sur une montagne népalaise ? S'agissait-il d'un rêve éveillé ou d'un événement flottant quelque part dans un espace invisible, prêt à se réaliser quand tous les éléments seraient rassemblés, et ce, dans un moment bien précis ?

Je repris le livre de Samuel posé sur une table basse du salon et m'installai de nouveau sur mon divan, les pieds relevés sur le pouf. Je fouillai le bouquin à la recherche du passage portant sur les visions. Je le repérai en un rien de temps. Ses phrases, qui auraient déstabilisé tout esprit cartésien, me ramenaient, moi, au calme. Comme chaque fois, j'éprouvai la sensation que cet écrivain me parlait directement.

« Les visions, les vraies, ne sont pas des constructions mentales, des hallucinations, des troubles névrotiques, des images hypnagogiques, des perceptions imaginaires, des déréalisations, des intuitions, des croyances insolites, de la pensée magique, de l'ésotérisme...

« Les visions, les vraies, n'entrent pas dans le domaine de la psychologie où il serait facile de les associer à des personnalités paranoïdes, schizoïdes...

« Les visions, les vraies, sont des ouvertures à d'autres dimensions, d'autres réalités.

« Les visions, les vraies, conduisent au-delà du rêve.

« N'oublie jamais que *voir*, c'est sortir de l'ombre. Pourquoi résister à la lumière ? Au contraire, va plus loin, apprivoise-la, aime-la... »

« ... si Dieu vous parlait droit dans les yeux et disait : « Je vous commande d'être heureux dans le monde aussi longtemps que vous vivrez », que feriez-vous dans ce cas ? »

Richard Bach,
Illusions ou Les aventures d'un Messie récalcitrant

Chapitre 6

Deux longues semaines passèrent avant d'organiser mon horaire pour aller rejoindre Samuel Flores aux États-Unis. Deux longues semaines, dont chaque jour se comptait également avec angoisse sur mon calendrier, en pensant à Roy, dont je demeurais sans nouvelles. Son silence grugeait ma tranquillité.

Entre-temps, Doris m'avait suggéré de suivre mon plan initial, plutôt que de partir au hasard, dans un pays inconnu, sans aucune piste pour retrouver notre ami. Je lui avais confié mon désir impérieux de secourir Roy. Rien n'aurait pu m'arrêter, car l'amitié avant tout... Cependant, tous les hôtels appelés, même les plus miteux, ne possédaient aucune inscription à son nom. On aurait dit que Roy avait subitement disparu de la carte géographique de l'Asie. Priait-il quelque part dans un temple sacré ? S'était-il égaré en effectuant une excursion sur une des montagnes de la cordillère de l'Himalaya, cette « guirlande de neige » détenant les plus hauts sommets de la planète ? Avait-il atteint la cime de l'Everest, incapable de rebrousser chemin pour « x » raisons ? Ou encore, participait-il à une expédition ou un pèlerinage *autour* du mont Kailash – représentant le mont Meru –, dans la région du Tibet ? Cette montagne des cosmologies hindouiste et bouddhiste, dont la crête culmine à 6 714 mètres d'altitude, était considérée l'axe du monde, mais surtout la demeure des dieux. À cause de son caractère sacré, le mont mythique avait été frappé de l'interdit d'ascension par les Chinois – personne n'a jamais pu accéder à son faîte. Roy, globe-trotter téméraire, infatigable aventurier avait-il décidé d'enfreindre cette loi restrictive, au prix de graves représailles ? Non. Son sens de l'honneur et du respect s'avérait trop grand pour transgresser les règles et les codes d'éthique d'un pays.

Le jour de mon départ à Seattle sonna comme un défi. Pour me rendre dans la retraite de l'écrivain, j'allais braver certaines de mes peurs viscérales : peur de décevoir, peur de déplaire, peur de ne pas être à la hauteur, peur d'être incapable de parler, peur d'avoir peur…

À l'aéroport, après avoir été soumise aux formalités douanières, je me dirigeai vers la salle d'embarquement où j'attendis, fébrile. Trois quarts d'heure plus tard, après le transbordement des derniers voyageurs, la passerelle télescopique fut retirée et la porte de l'avion hermétiquement fermée.

Pendant que l'hôtesse donnait les consignes de sécurité, le Boeing quitta son aire de stationnement et progressa avec lenteur sur la piste de décollage balisée par de petites lumières bleues.

Un hublot, avais-je dit à la représentante d'Air Canada. Je refusais de manquer une seule étape de l'envol du grand vaisseau aérien. J'aimais les partances : le vrombissement entrant par tous les pores de ma peau, se concentrant particulièrement dans mon ventre ; la montée du lourd appareil défiant la gravité pour s'élancer dans le ciel en roi des airs ; la vitesse accélérée me clouant à mon banc ; le sol rapetissant au fur et à mesure de l'élévation de l'avion ; les panoramas à couper le souffle – évidemment, pour les passagers n'ayant pas la nausée ou la peur des hauteurs…

La voix du pilote se fit entendre :

« Mesdames et messieurs, bonsoir. Le commandant de bord Louis Baker et son équipage vous souhaitent la bienvenue à bord d'Air Canada à destination de Seattle. Nous volerons à une altitude de 12 500 mètres et voyagerons à une vitesse moyenne de 950 km/h. La durée du vol sera de 7 h 15, environ. Détendez-vous, la température sur les rives du Pacifique est actuellement de 26 degrés Celsius. Veuillez attacher vos ceintures, nous décollerons dans quelques minutes. Bon vol. »

« Good evening ladies and gentlemen. The captain Louis Baker and his crew welcome you aboard Air Canada to Seattle. We will be flying at an altitude of 12 500 meters and the flight time will be… »

« Señoras y Señores, buenos días, el comandante Louis Baker y su equipo les da la bienvenida a bordo de esté Air Canada con destino a Seattle. La duración del vuelo será... »

Je souris intérieurement. Allait-il nous souhaiter la bienvenue dans toutes les langues, connues et inconnues ? Nous en aurions jusqu'à Seattle...

Je fouillai dans mon bagage à main. Le seul livre emporté, *Nuit étoilée en zone libre* de Samuel Flores, me tiendrait compagnie durant le voyage avec, à mes côtés, un compagnon de route sentant le vieux mégot de cigarette. L'homme de taille moyenne, à la barbe vénérable – ou moyenâgeuse –, et aux habits négligés, ne connaissait pas la perspective verticale. Il se penchait tellement vers moi, qu'en moins de deux, s'il se décidait à poursuivre sa descente, il me baiserait les genoux. À deux reprises, je dus lui rappeler la distance préférable à respecter entre lui et moi, pour un périple sans esclandre. Lorsqu'il me souriait, sa lèvre inférieure tressautait, à se demander s'il allait pleurer... Le pire fut sans doute quand il ouvrit la bouche. Des postillons ? Non. Une douche ? Oui. Le vieillard maîtrisait difficilement son dentier, ce qui conduisait à des mélanges étonnants : bave, « sloche » et congestion de mots à la sortie. Quelque chose, pourtant, dans ses yeux gris clair révélait une étrange beauté, une sagesse même.

Vingt minutes après le décollage, lorsque l'avion atteignit son rythme de croisière et que les indicatifs lumineux s'éteignirent, je défis ma ceinture de sécurité et profitai de cette liberté pour me lever et m'étirer un peu, au grand dam de mon voisin, dérangé dans son confort. Je repris ma place en m'excusant au passage. J'attrapai mon livre et je l'ouvris à la première page.

Étendu dans un champ d'herbes folâtres, je m'émerveille encore. Là-haut, à 5 500 mètres environ, des cirrostratus exécutent une toile de Turner sur le canevas du ciel. Des milliards de gouttes d'eau, cristallisées par un -40 degrés Celsius, se hâlent graduellement sous le soleil couchant. Certaines rougissent, même. Pudeur charmante.

Quand j'ai vu Max, la première fois, il n'avait rien du jeunot se pavanant le torse fier, le verbe performatif et la lèvre enivrée de paroles. Homme sans âge, le front lisse et le regard incisif, il parlait peu, mais avec emphase, se vouant, disait-il, à l'apprentissage du mystère de l'inaccessible. Quelle idée saugrenue !

Ma rencontre avec lui ? Je pourrais commencer par : « Il était une fois… », mais ce n'était pas une fois. C'était une circonstance, une occurrence. Il était donc une occurrence, sans pleine lune, sans aube étincelante, sans magie, sans vent, sans émoi… Un de ces moments pas si rares où rien ne semble arriver, où l'horizon se noie dans une brume matinale, où chaque mouvement ne mène nulle part, sinon au retour au même.

Ce grand gaillard, droit comme un chêne, casquette penchée légèrement de côté, entra dans un des hangars de l'aéroport de Seattle où j'astiquais mon avion, en préparation de mon vol de nuit. Que faisait ce civil dans ce lieu strictement réservé aux pilotes ? Je m'attendais à des questions du genre : « Je suis perdu. Où dois-je prendre le vol pour Portland ? » Ou encore : « À quel endroit se trouvent les bureaux de réservation ? » Les demandes usuelles, finalement. Ce fut plutôt une affirmation qu'il dirigea vers moi avec un calme désarmant : « Le diesel pollue moins l'air que nos pensées. »

Je sursautai. Qu'en était-il de : « Bonjour, monsieur, je m'appelle un tel et vous ? »

Débuta alors une amitié avec ce type qui dura… onze jours. Onze jours intensifs où j'appris davantage qu'au cours de mes cinquante dernières années. Son vrai nom : Max Keaton. Métiers : matelot de pont sur les bateaux de pêche, à temps partiel – pour son amour de l'eau –, et psychologue, à temps plein – pour son amour de l'être humain. Moi, je pense qu'il n'était ni matelot ni psychologue. Plutôt un représentant à la fois de l'étrange et du réalisme : un mélange de Scott Mckenzie (♫♪ *Be sure to wear some flowers in your hair* ♪♫) et de Nietzche («*Ne sais-tu pas que dans chacune de tes actions, l'histoire entière du devenir se répète en abrégé ?*»).

Pas compliqué, le type, croyez-vous ? Un véritable casse-tête géant, avec un million de pièces découpées en forme bizarroïde. Bref, il s'exprimait en paraboles. Je l'avoue humblement, je ne comprenais pas toujours son jargon.

Je le redis, notre amitié dura onze jours. Tout débuta en douceur jusqu'à ce qu'il mentionne avoir des principes à m'enseigner pour offrir à mon existence un soupçon de légèreté. Je regimbai aussitôt contre l'aiguillon de sa prétention. J'érigeai des barricades, je fermai mes écoutilles et rentrai bien au chaud, en moi, à l'abri de ce genre de tentations. Pas question qu'un inconnu vienne m'apprendre comment mener ma vie à partir de théories et de postulats *trouvés dans des livres de psychologie populaire foisonnant sur la planète comme des fourmis au printemps de leur jeunesse.*

Je résistai cinq minutes. Un autre aurait plutôt affirmé que je boudais dans mon coin. Finalement, la psychologie populaire…

Dès que je sortis la tête de mon antre profond, il me sourit. Il n'avait pas bougé d'un iota.

« Pourquoi un soupçon de légèreté ? m'enquis-je, candidement. Quant à me présenter des principes de vie, peut-être devrions-nous hausser le niveau ? Que diriez-vous d'une profusion de légèreté ?

– Dans un soupçon, il y a toutes les profusions que vous voulez, me répondit-il, énigmatique… »

Ma lecture fut interrompue par la diffusion d'un message dans les haut-parleurs.

« Mesdames et messieurs, nous traversons actuellement une zone de turbulences. Pour votre sécurité, veuillez regagner votre place et garder votre ceinture attachée jusqu'à l'extinction du signal lumineux. »

Mon voisin, dont le seul bruit perceptible depuis le décollage demeurait sa respiration grondante, se renfonça dans son siège. Son visage démontrait la peur. Je le rassurai doucement : « Il n'y a pas de danger, m'sieur. Les turbulences font partie intégrante des vols autant de longue que de courte durée. Ça va aller… C'est normal. » Dans sa terreur, je crois qu'il ne m'entendit pas.

Au plus fort des turbulences, le livre qu'il tenait dans sa main droite tomba sur moi, ouvert en plein milieu. Alors que je m'apprêtais à le prendre pour le lui remettre, je fus saisie par des mots étalés sur une page.

« Sentant peser sur moi la lourdeur du temps, j'adresse au ciel une supplique : laisse-moi saisir, avant mon départ, le visage de ta perfection. Purifie jusqu'à mes derniers fracas, jusqu'à mes derniers mirages, jusqu'à mes dernières pensées. Épouse mon âme. Ravive-la. Émerveille-la. Façonne-la. Puis, aux dernières lueurs du jour, illumine mon être jusqu'à l'exultation ultime. »

Je regardai l'ouvrage en tous sens. Pas de titre! Pas de signature! Aucune référence sur l'auteur et sur l'éditeur! S'agissait-il des pensées de mon voisin, livrées ainsi en langage poétique? Dans ce cas, comment un homme possédant une sagesse intérieure si fine pouvait-il s'effondrer de terreur lors de turbulences aériennes?

Je tournai la page.

« Chante. Chante. Chante encore. À l'aurore, ta voix se répandra à grands flots de lumière et de chaleur sur ta vie. Elle embrassera les rythmes, les harmonies et s'enroulera dans des rondes, des soupirs, des noires, des blancs silences… Le soir venu, n'hésite pas à retirer les doubles croches de leur hampe. Elles serviront d'ailes à ton envol vers les rêves. Chante. Chante. Chante encore... »

Touchée, je refermai le bouquin et le tendis à mon voisin.

« C'est tout simplement magnifique, monsieur. Désolée d'y avoir jeté un coup d'œil. »

Occupé à serrer les bras de son siège, à s'en fracturer presque les jointures, mon voisin ignora mon geste. J'attendis l'accalmie avant de lui retendre son ouvrage. Il se tourna vers moi, me souriant à peine. La lèvre encore frémissante, il marmonna un merci qui se compléta par un léger déversement de salive sur sa barbe. Il se replia ensuite sur lui-même, sans doute pour roupiller ou récupérer de ses derniers émois.

Quel type étrange!

L'avion fendait toujours les airs, direction ouest. Un somme serait bienvenu, avant le repas, sûrement servi dans la prochaine heure.

Mes yeux s'alourdirent… Je perdis la notion du temps…

J'avançais péniblement dans la neige, engourdie par le froid. Défaillante, je me mis à prier avec ferveur pour obtenir de l'aide…

Quelle folie d'avoir abandonné Roy! La consigne de prudence universelle ne stipulait-elle pas de rester sur place lors d'une situation dramatique? Dans ce cas-ci, je n'aurais pu prendre le risque que mon compagnon décède sans soins adéquats ou que ses blessures entraînent des handicaps majeurs, si non traitées de toute urgence. Mes petites attentions dispensées à Roy ne suffiraient nullement à le sortir de son impasse actuelle. La seule ligne de conduite possible : agir. Néanmoins, si je ne parvenais pas à réchauffer mon propre corps dans les prochaines minutes, l'implacable réalité viendrait rafler mon dernier souffle de vie. Je rejoindrais l'éternité. Je mourrais là, loin de tous les miens, réservant, du coup, le même sort à mon ami.

« Secoue-toi, Marisha ! Secoue-toi ! »

Soudain, dans le ciel, on aurait dit le grondement d'un moteur. Un avion venait-il à notre secours ?

Le bruit se transforma en ronronnements, puis, plus rien. Plus rien que le vent sifflant dans la montagne.

Je claquai des dents. Le froid continuait de se frayer un chemin jusqu'à mes os. Des bribes de mon passé commencèrent à surgir de la chambre noire de mon esprit. Des souvenirs défilaient dans une chronologie déconcertante. Chacun d'eux était entouré d'une aura de lumière, comme si je voyais le film au travers un tube phosphorescent. Je devais sûrement entrer dans le couloir de la mort pour vivre une telle représentation dans ma tête…

Nooooon ! Je n'allais pas capituler ni me résigner au pire !

Je sautai sur place pour me réchauffer et ranimer mes énergies, tout en regardant autour de moi. Mon cœur bondit alors dans ma poitrine. Je ne pouvais plus avancer, que grimper, car devant moi s'élevait l'obstacle d'un sommet satellite de la montagne.

La peur intense de l'escalade, liée à un événement tragique de mon adolescence, vint nouer mon ventre et me couper le souffle…

Je respirai profondément, tentant de calmer mon agitation intérieure.

Cet immense mur de roche glacé et enneigé, serait-ce le fameux raccourci évoqué par Roy ? Son intention avait été de le contourner en automobile, malgré le nombre de milles ajouté à notre trajet. Si c'était le cas, exécuter l'ascension de ce pic devenait essentiel, puisque je m'épargnerais des heures de marche. Chaque minute importait dans ce compte à rebours déclenché après l'accident. Par contre, si je me leurrais, s'il ne s'agissait pas de ce mont, je perdrais alors un temps fou ! Comment savoir ? Quelle décision devais-je prendre pour ne pas le regretter amèrement : revenir sur mes pas pour retrouver le bon chemin ou gravir ce contrefort escarpé qui me causait, avant même son approche, une angoisse terrible ?

Mue par quelque chose de plus puissant que moi, je fermai les yeux et j'inspirai profondément. Au bout d'un moment, à faire le vide mental, à ne plus ressentir le froid insidieux me traverser, une grande paix envahit mon être entier. Soudain, une lumière dorée commença à se déployer à partir de mon cœur, à devenir de plus en plus brillante, avant de s'allonger comme un faisceau pour se diriger vers le haut du sommet. Je demeurai ainsi, dans une sorte de transe profonde, captive de la lumière.

Lorsque j'ouvris enfin les yeux, l'air glacial me pénétra de nouveau jusqu'aux os. Cependant, je connaissais maintenant la façon de me rendre à la lamaserie : escalader le mont. Je retrouvai une certaine confiance. Mais c'était sans compter mes craintes ressurgissant une à une dans mon esprit : je ne suis pas équipée pour grimper un mur frigorifié ; je vais tomber et me fracasser le crâne ; je dois faire le tour de l'obstacle, non pas le gravir…

Une larme roula sur ma joue…

Je sortis de cette terrible vision en sursaut avec l'envie de me recroqueviller sur moi-même. Mon voisin ronflait à mes côtés. Cette constatation me rassura tout de suite. Être questionnée sur la raison de mon réveil brutal, en sueur et tremblante, m'aurait obligée au mensonge.

La tentation subite de rebrousser chemin vint me hanter… Prisonnière d'un avion volant à une altitude de 12 500 mètres et à une vitesse de croisière de 950 km/h, les alternatives n'étaient pas légion. Difficile de forcer la porte et de me lancer dans le vide avec un parachute, pour aller m'échouer quelque part sur une route, un champ ou un arbre aux États-Unis. De toute façon, en raison de la pression extérieure, la porte plaquée au fuselage de l'appareil ne pouvait s'ouvrir en plein vol sans nécessité une force physique prodigieuse, pour ne pas dire surnaturelle.

L'hôtesse de l'air s'arrêta à notre hauteur avec son chariot, mettant ainsi un terme à mes pensées illogiques.

J'avalai difficilement le repas qu'elle me servit : des paupiettes de poulet, du riz, de la sauce, des légumes trop cuits. Je laissai le petit pain et mon dessert dans le plateau! Je ne me reconnaissais plus. Je pris une profonde respiration. Pourquoi cette vision, dont Roy et moi étions les principaux personnages, se déroulait-elle par bribes, dans ma tête?

Comme divertissement général, la compagnie aérienne proposait plus de cent-cinquante longs-métrages, des plus récents aux plus classiques, ainsi que des émissions de télévision, des albums de musique et de la radio satellite. Afin de fuir la vision préoccupante, je décidai de regarder un film sur l'écran individuel à commande tactile. Ne me restait que l'embarras du choix. J'optai pour *Sam, je suis Sam* (*I Am Sam*) mettant en vedette un de mes acteurs préférés: Sean Penn. Cette œuvre cinématographique ne me calma pas, au contraire. Elle me bouleversa complètement. Elle relatait l'histoire de Sam Dawson, un homme ayant l'âge mental d'un enfant de sept ans et père monoparental de Lucy. À sept ans, réalisant que son père ne se comportait pas comme ceux des autres élèves, la petite se confia à des intervenants de l'école. Les services sociaux retirèrent à Sam la garde de son enfant. Son avocate s'ingéniera à remuer ciel et terre pour qu'il récupère sa fille…

Je me retins plusieurs fois de pleurer en cours de visionnement, tant ce vécu, joué avec brio par les différents comédiens, me touchait profondément. Malgré ses lacunes, jamais le père ne baissa les bras et jamais il ne capitula devant les obstacles en apparence infranchissables.

Le reste du voyage se déroula sans incident. Au carrousel de bagages de l'aérogare, je perdis rapidement de vue le vieil homme. J'attrapai ma valise bleu indigo, munie d'un foulard jaune pour une identification facile, et je me dirigeai vers les douanes.

« Pourquoi venez-vous aux États-Unis, madame?

– Pour des vacances, monsieur l'agent.

– Papiers d'identité, carte de douane…

– Voilà, fis-je, en lui présentant mes documents. »

L'homme y jeta un coup d'œil rapide.

« Bon séjour.

– Merci, m'sieur! »

Une fine pluie m'accueillit à la sortie de l'aéroport Seattle Tacoma international. Je repérai facilement un taxi jaune, ressemblant étrangement à ceux circulant dans les rues de New York.

Le conducteur, dont le képi lui voilait les yeux, attrapa ma valise, la lança plutôt que ne la déposa dans le coffre. Après avoir embarqué et attaché chacun notre ceinture, il s'engagea sur l'Airport Way S., pour aller rejoindre l'autoroute inter-États I-5N, en direction du Kenmore Air Harbor Seaplane, à l'extrémité nord du lac Washington. Tout à côté, se trouvait un hôtel trois étoiles. J'y passerais une courte partie de la nuit, puisque deux heures du matin avait sonné, temps du Pacifique.

Durant le trajet, nerveuse, je triturais la courroie de mon sac à main. Plus de la moitié du voyage était complétée. Le lendemain, je reverrais Samuel Flores. À cette idée, mon cœur battit rapidement dans ma poitrine. En même temps, l'inquiétude ne cessait de me ronger à propos de Roy.

Soudain, un éclair illumina mon esprit.

Marisha, réfléchis une minute. Dans la vision, son destin est lié au tien. Tu es avec lui… Donc, logique suprême, si tu ne te rends pas là-bas, rien ne surviendra… Pourquoi n'as-tu pas pensé à cela avant ?

Je poussai un soupir de soulagement. La raison venait de parler, me libérant d'un sentiment d'angoisse oppressant.

Par contre, si ce destin doit advenir, ni tes résistances ni tes évitements ne parviendront à empêcher cette situation de se vivre dans la réalité.

Mon angoisse revint aussitôt…

Après avoir circulé sur des routes monotones, sauf les derniers milles, le chauffeur me déposa à la porte d'entrée de mon hôtel. Le North Venture disposait de quinze chambres, d'un restaurant-bar et d'une piscine extérieure. Rien de sophistiqué.

Dans ma chambre spacieuse, sentant les produits détergents, je rangeai mes effets personnels. Après une bonne douche, je m'installai dans mon lit. Avant d'éteindre la lumière, je regardai les différents dépliants touristiques sur ma table de chevet. Celui sur le *Museum of Flight* retint immédiatement mon attention. Ce musée privé d'aéronautique et d'aérospatiale retraçait l'histoire de l'aviation depuis ses origines jusqu'à la conquête de l'espace. Parmi les 80 aéronefs en exposition, se trouvaient : le célèbre bombardier B-17 (*Flying Fortress*) de la Seconde Guerre mondiale, le premier avion présidentiel, le Lockheed Electra Model 10-E de la fameuse pilote Amelia Earhart – la première femme américaine à traverser l'océan Atlantique en avion (en juin 1928). Également en démonstration : une des navettes spatiales américaines dédiées à la formation des astronautes. Pendant près de trois décennies, ce compartiment n'avait été accessible qu'à l'équipage. Désormais, grâce au Museum of Flight, une « navette de formation » était maintenant mise à la disposition du public, permettant ainsi à tout un chacun de vivre – en temps réduit, tout de même –, des aspects de l'expérience d'entraînement offert par la « NASA Space Shuttle ». Aucun doute, je visiterai cette galerie avant mon retour à Montréal. Nette jubilation anticipatoire dans mes veines…

Des visions de fusées, de galaxies lointaines, d'étoiles filantes m'accompagnèrent jusque dans mon sommeil, jusque dans mes rêves, jusque dans mes désirs les plus profonds.

« Le monde est notre cahier d'écolier,
sur ses pages nous faisons nos exercices.
Il n'est pas réalité, quoique tu puisses y
exprimer de la réalité si tu le désires.
Tu es également libre d'écrire des inepties
ou des mensonges, ou de déchirer les pages. »

Richard Bach,
Illusions ou Les aventures d'un Messie récalcitrant

Chapitre 7

*L'*aube tant attendue arriva enfin. Par la fenêtre, je vis l'ébauche du matin transformer les couleurs indigo de l'azur en une lumière feutrée mauve. Le jour se levait sur mon grand rêve.

Trente minutes plus tard, je pris la route vers le Kenmore Air Harbor Seaplane en tirant derrière moi ma valise à roulettes. Pas un seul souffle de vent. Que le parfum de la mer, le chant des oiseaux, les charmes des fleurs épanouies… Durant les dix minutes de marche qui s'ensuivirent, je m'imprégnai des beautés taillées à même la générosité de la nature.

À ce stade-ci, je quittais définitivement mes lieux connus pour m'ouvrir à un dépaysement dans des territoires physiques et même psychiques inexplorés. Ce détour m'entraînerait, je l'espérais, vers une nouvelle page de mon histoire. À l'autre bout de mon obscurité, j'en étais certaine, les couleurs originelles de mon être se déploieraient enfin sur un horizon rempli de promesses. N'était-ce pas ce que je faisais, à l'instant même : tenter de détourner mon destin fataliste vers un ailleurs gorgé de liberté ? Je n'endormais pas ma conscience critique ; je savais fort bien que mes problèmes non résolus me suivraient partout en ce monde. Par contre, je tirais très fort sur des pans de ma vie ; à laisser mourir sur le sol du pardon et de l'oubli.

Le sobre bâtiment vert sarcelle, agrémenté d'une bande crème, lorgnait l'océan. À l'intérieur, des cadres accrochés aux murs comportaient des photos d'hydravions flottant près d'un quai, à côté desquels, des pilotes posaient fièrement, sourire aux lèvres. Une affiche décrivant la philosophie de cette entreprise retint mon attention : « Faites les bons choix. » Quelle belle maxime ! Je savais, néanmoins, à quel point adopter une décision pouvait entraîner le rejet d'autres tout aussi importantes. Ne venais-je pas de vivre ce terrible dilemme : partir vers l'inconnu pour retrouver Roy ou aller dans l'Ouest américain rencontrer Samuel Flores ?

Je me dirigeai vers la réception. Un étranger dans la cinquantaine environ, assis non loin, se leva et s'approcha de moi. D'évidence, il attendait mon arrivée. Du haut de son mètre quatre-vingts, il me gratifia d'un sourire cordial m'inspirant aussitôt la confiance.

« Êtes-vous Marisha Vital ? lança-t-il avec un français cassé.

– Oui.

– Bienvenue à la Kenmore Air Harbor Seaplane. Je suis Harry Sandler, votre pilote et un grand ami de Samuel Flores. Il m'a demandé de vous amener saine et sauve sur son île. J'y compte bien.

– Ce serait une bonne idée, en effet, fis-je en riant. »

La glace était rompue. Après les présentations, l'homme vêtu d'une combinaison de pilote gris-bleu me conduisit à son hydravion. Alors que je m'apprêtais à m'asseoir sur le siège arrière, il intervint aussitôt :

« Samuel Flores a réclamé que vous soyez assise à côté de moi, dans le cockpit. Je vous prierais donc de prendre le siège avant. »

« Avec plaisir ! » répondis-je, sans cacher ma joie.

Quelle délicatesse !

Un sourire se greffa sur mes lèvres jusqu'à ce qu'une frustration, quinze minutes après le décollage, vienne gâcher mon plaisir. Était-ce un vieux relent de mon désir de devenir astronaute ? Je trouvai soudain que le pilote, quoique gentil et convivial, n'allait pas à un régime suffisamment rapide. Son rythme de croisière irritait cette partie de moi souhaitant voler à la vitesse supersonique. Quant à voyager dans un avion, pourquoi ne pas atteindre le mur du son ? Pourquoi ne pas monter plus haut, plus vite, et encore plus haut et encore plus vite, pour ensuite exécuter des vrilles, des loopings, n'importe quoi ?

Pendant que mon vague à l'âme s'amplifiait, Harry me parla en projetant sa voix au-dessus du bruit du moteur. Son ton paisible eut raison de ma petite tempête intérieure.

« Puis-je vous appeler par votre prénom ?

– Bien sûr… euh… Harry ?

– Tout à fait.

– Ça fait longtemps que vous pilotez un hydravion ?

– Mon père travaillait comme commandant dans l'Armée de l'air américaine. Des avions et des aéroports, j'en ai vu toute ma vie. Difficile de ne pas être attiré par ces appareils. J'ai suivi des cours de pilotage à l'âge de dix-huit ans, dans le but de devenir pilote de brousse. Tout de suite après, j'ai été engagé dans l'aviation.

– Parlez-moi de cet hydravion, si vous le voulez bien. J'aimerais bien en connaître davantage sur lui.

– Oh ! Il s'agit d'un *De Havilland DHC-2 Beaver*. Comment appelez-vous un Beaver, en français ?

– Un castor.

– Un kastsor.

– Non, un castor.

– Un cashstor.

– À peu près ça. »

Son rire sympathique emplit l'habitacle.

« Donc, je disais que ce cashstor est un avion monoplan. 1 657 exemplaires de cet engin ont été construits après la Seconde Guerre mondiale. Il peut être équipé de roues, de skis ou de flotteurs, ce qui permet de le poser autant sur terre que sur l'eau. Le mot hydravion, peut-être le savez-vous, vient du mot grec *hydor* qui veut dire "eau" et du mot "avion", issu du terme latin "avis", signifiant "oiseau".

– Très beau ! »

La question hantant mon esprit surgit alors de mes lèvres :

« Quelle est sa vitesse de croisière maximale ?

– 158 milles à l'heure.

– Hum… C'est très bien. Nous volons à combien, là ?

– À 110.

– Ah bon ! fis-je, sans lui montrer ma déception.

– Nous n'avons pas de réglementation de vitesse, mais nous devons considérer les facteurs vents, le trafic aérien, etc.

– Je comprends.

– Cet engin a une autonomie de 467 milles, son altitude de croisière avoisine les 5 500 m, son plafond atteint les 7 620 m et sa vitesse ascensionnelle est de 5,2 m/s. Mais peut-être que ces détails ne vous intéressent pas.

– Au contraire. Je suis passionnée d'aviation.

– Vous n'avez jamais eu envie de piloter ?

– Oh que si ! Malheureusement les circonstances ne s'y sont guère prêtées. Cependant, à chaque occasion qui se présente, je vais guetter l'arrivée ou le départ des appareils dans un gros aéroport, tel Pierre-Elliot-Trudeau, ou de petits comme ceux de Saint-Hubert, Bromont, Rivière-du-Loup, Bonaventure…, au Québec. Ce simple exercice maintient mon rêve vivant.

– Samuel m'a dit que vous étiez écrivaine comme lui.

– Non, non. Pas comme lui. Son niveau d'écriture est cent fois supérieur au mien. Par contre, je tire un doux profit des mots. Ils comblent mon esprit et me font voyager très loin dans le pays de l'imaginaire. Honte à mon surmoi contraignant qui cherche sans cesse à m'amener vers un métier plus lucratif, plus stable, plus gratifiant, au détriment du déploiement de mon idéal.

– Vous avez tellement raison. Si je n'avais pas choisi d'être pilote d'avion, j'aurais opté pour celui d'homme de lettres. À côtoyer régulièrement Samuel Flores, son goût de l'écriture commence à déteindre sur moi.

– Les deux sont compatibles, vous savez…

– Oui, mais je pense que je sabote mon désir, Marisha. Je suis plutôt médiocre, à mon avis. »

Il fit une pause et pointa au loin.

« Là-bas, regardez… C'est l'île près de laquelle nous allons amerrir dans environ trente-cinq minutes. »

Le silence honora cet énoncé. Sur cette terre, quelqu'un attendait mon arrivée. Quelqu'un de très spécial. Je renouai avec la fébrilité. Pour certains, j'avais la somme de tous les attributs d'une admiratrice éperdue de son idole. Ça ne me concernait pas. Simplement : aucun obstacle n'aurait pu contrecarrer ce rendez-vous écrit dans le temps, depuis l'éternité. S'il eut fallu, il aurait été reporté à une date ultérieure, mais jamais annulé. Avancer sur mon chemin, rendre manifeste mon propre rêve, voilà ce qui s'avérait le plus important. En cela, j'étais résolue à abandonner mes illusions et mes étroitesses d'idées dans le sillage de l'hydravion, pour investir dans une nouvelle vision optimiste, globale, humaniste et, pourquoi pas, poétique de la vie ! En retirant quelques cloisons obscures obstruant ma vue, ma représentation du monde serait sûrement moins sombre.

Harry me raconta ses multiples péripéties à Friday Harbor, Eastsound, Port Angeles et même à Victoria, en Colombie-Britannique, au Canada. Son talent de conteur soulevait une longue suite d'images dans mon esprit. S'il s'ouvrait à la perspective de devenir écrivain, ce pilote serait indubitablement doué.

« Je connais bien la Colombie-Britannique, Harry. J'ai demeuré de nombreuses années à Vancouver, aux abords du parc Stanley. Les six premiers mois, je les ai vécus sur un bateau, avec mon copain de l'époque, à la marina de Grandville Island, dans English Bay. Les sept années subséquentes, nous avons déménagé nos pénates dans un appartement avec vue imprenable sur l'océan. Que de levers et de couchers de soleil magnifiques ! Encore davantage après l'éruption du mont Sainte-Hélène qui, malheureusement, fut mortel pour une cinquantaine de personnes. Ses

laves ont aussi détruit 250 maisons, 47 ponts, 24 kilomètres de voies fer-
rées, 300 kilomètres de routes et plus de 500 km² de forêt. Un véritable
désastre! Pendant plusieurs semaines, ses cendres et ses fines particules
volcaniques se sont répandues dans la stratosphère, donnant au crépuscule du jour, des couleurs jamais égalées: des roses éclatants s'étirant
parfois sur le fuchsia et le mauve.

- Le même phénomène s'est produit ici, puisque nous sommes
  encore plus près de cette montagne de la chaîne des Cascades;
  ce tronçon de la ceinture de feu du Pacifique.

- Qu'est-ce que la ceinture de feu du Pacifique?

- C'est un alignement de volcans. Soixante-quinze pour cent de tous
  les volcans émergés de la planète se trouvent sur le pourtour de
  l'océan Pacifique, soit sur une distance de 40 000 kilomètres.

- Wow! C'est énorme!

- En effet. On y dénombre en plus 452 volcans, pas tous actifs, bien
  entendu. Quelques-unes des plaques tectoniques à leur origine
  sont: Nazca, Cocos, Juan de Fuca et la plaque pacifique. Il y en a
  bien d'autres. La Colombie-Britannique a aussi ses volcans…

- Avez-vous été strictement à Victoria ou avez-vous eu la chance de
  visiter un peu cette magnifique province canadienne?

- Quelques endroits seulement. Je compte bien pallier cette lacune
  bientôt.

- Je vous y encourage fortement, Harry. Il y a tant à voir et à revoir
  dans cette province bucolique. Là aussi, la beauté a des signatures
  particulières: les panoramas montagneux, les fjords majestueux, la
  station de ski à Whistler, la sauvage Quadra Island ainsi que Deep
  Cove, une région pour laquelle j'ai toujours éprouvé une fascination quasi mystique. Avez-vous déjà emprunté la route 99, *Sea to
  Sky Highway*[4]?

- Non, mais peut-être l'ai-je survolée.

---

4. La route du ciel.

– En partant de Horseshoe Bay, un endroit paradisiaque où Dieu a accordé à la nature une dose supérieure de charmes, la route serpente à travers des paysages à couper le souffle. Cette région vaut plus que le détour, je vous l'assure. Tous les prétextes sont bons pour aller flâner sur ses bords de mer, s'enfoncer dans ses sentiers pédestres, se perdre d'admiration dans ses petits villages, s'étonner de l'accueil des gens, se laisser bercer par les rumeurs de ses légendes, déchiffrer les empreintes et les traces de ses ancêtres dans les œuvres d'art étalées dans les musés et les boutiques… Il faut m'arrêter, là, car je n'ai plus de freins quand il s'agit de parler de ces endroits.

– Wow! Vous éveillez vraiment le désir, chez moi, d'explorer ces lieux. Vous qui possédez un penchant marqué pour la nature sous toutes ses formes, avez-vous déjà escaladé une des montagnes de la Colombie-Britannique? »

Je sursautai de surprise devant cette question inattendue. Un frisson parcourut mon dos.

Ma vision… L'escalade en perspective dans une montagne de l'Himalaya. Mon refus de la gravir en raison d'un souvenir terrible… Roy en danger…

Je ressentis un poids peser sur ma poitrine. Toute mon intuition de femme savait qu'un événement allait survenir, quelque part sur une cime du Tibet tandis que moi, je me trouvais là, dans un hydravion, à deviser sur les splendeurs de la côte ouest.

Que se passe-t-il avec moi? Suis-je en train de devenir folle?

Je tentai de camoufler mon désarroi à Harry et lui lançai:

« Pourquoi me posez-vous cette question? »

Occupé à piloter son hydravion, il ne réalisa pas mon mal-être.

« Parce que vous me semblez assez intrépide et que ce sport, dans cette contrée, est des plus populaires auprès des alpinistes, à ce qu'on m'a dit...

– Non, je n'ai escaladé aucune d'elles, répondis-je, le souffle coupé. J'ai connu une expérience terrifiante à l'adolescence. Pour éviter que la peur ne s'installe jusque dans mon ADN, j'aurais dû retourner sur une paroi...

- Voulez-vous me raconter cet épisode ? Cela vous soulagerait peut-être, fit-il, l'air soudain soucieux, percevant sans doute le désarroi dans ma voix.

- Je ne sais pas… Ce n'est pas facile de partager mes échecs, répondis-je, nerveuse à l'idée d'ouvrir cette boîte de Pandore.

- Il y a toujours des leçons à tirer de nos expériences. Voilà ce que m'enseigne à répétition Samuel Flores. »

Dois-je oser ?

« D'accord, Harry. Alors, voilà…, fis-je, au bout d'un moment, en prenant une profonde respiration. À l'âge de treize ou quatorze ans, je ne me souviens plus vraiment, je participais à une colonie de vacances. Nous avions marché trois jours et campé trois nuits pour nous rendre à un versant de montagne en pente raide. À sa vue, mon cœur s'est mis à cogner durement dans ma poitrine. La paroi d'apparence très lisse m'inquiétait au plus haut point. Malgré la courte formation préalable, je n'en menais pas large. Je me demandais si je parviendrais à poser mes pieds dans les fissures à peine visibles. La vue, plus haut, d'une paroi en surplomb, a anéanti en moi tout esprit combatif. Lorsque mon tour est venu de grimper, j'ai attaché la corde de sécurité au cuissard d'escalade et, munie de tout l'attirail nécessaire, j'ai entamé mon ascension. Je m'adaptais mieux que je ne l'aurais cru à cette falaise rugueuse. J'en venais même à trouver agréable de la gravir, d'y être pour ainsi dire, accrochée.

- Que s'est-il passé ?

- Au milieu de ma montée, j'ai commencé à paniquer. Mes pieds à peine appuyés sur les aspérités du rocher se sont mis à trembler avec violence. Du plateau on me cria de ramener mon centre de gravité dans mes jambes. Ensuite de « croiser et décroiser ». Ce sont des mouvements de grimpeur nécessitant de passer une main ou un pied par-dessus l'autre afin d'aller chercher une autre prise. Rien à faire. Affolée, je n'arrivais pas à appliquer les consignes.

- Pour le moins angoissant …

– Le pire reste à venir, Harry! Sans point d'assurage et à grand renfort de muscles, j'ai finalement réussi à poursuivre mon ascension. Le tremblement s'est atténué graduellement. Je retrouvais peu à peu ma confiance. Elle fut de courte durée. Tout à coup, dans ce relief aride, je ne trouvais plus de fissures pour installer mes mousquetons et mes pitons, afin de poursuivre mon escalade. Devant mon désarroi, on me suggéra de descendre "en rappel", pour reprendre plus loin ma montée. Paniquée, j'ai voulu aller trop vite. J'ai perdu pied et j'ai chuté.

– Personne ne tenait la corde de sécurité?

– Oui. Mais la fille qui en avait la charge s'affola elle aussi et donna trop de mou à la corde. Si elle en avait donné davantage, l'issue aurait été fatale pour moi. Adieu, Marisha!

– Heureusement, vous êtes encore là.

– Tout de même, ma mésaventure s'est soldée par mon atterrissage en catastrophe, ventre contre terre. Ma tête passa à un cheveu de heurter une grosse pierre. Je m'en suis tirée avec de multiples contusions, une fracture de la rotule gauche, des blessures aux bras et aux coudes, un déboîtement d'épaule, une violente nausée, un ego démoli et la peur aux tripes inscrite désormais en moi, à la simple pensée d'une paroi rocheuse.

– Quelle affaire! En avez-vous déduit des enseignements? »

Tiens donc, il me fait penser à Samuel Flores!

« Oui, j'en ai retenu deux. Le premier: échouer une épreuve ne veut pas dire que d'autres remontées ne seront pas triomphantes, même si je n'ai pas récidivé l'expérience..., par extrême angoisse. Le deuxième: ne jamais se fier à une personne tenant une corde de sécurité. »

Harry éclata de rire.

« Vous avez bien raison. Parfois, il faut s'assurer de la compétence et de la présence d'esprit de l'autre, avant de mettre sa vie entre ses mains. Merci pour votre partage. Je comprends que ça n'a pas dû être facile.

– En effet. Je n'en avais jamais parlé à personne, fis-je encore tremblante d'émotion.

– Alors je vous offre des remerciements encore plus grands pour votre confiance. J'apprécie vraiment.

– Je ne peux pas dire que tout le plaisir a été pour moi, mais ça enlève certainement un peu de cette pression engrangée depuis longtemps dans mes pauvres cellules terrorisées.

– Tant mieux, Marisha! Là, j'ai une surprise pour vous : nous sommes fin prêts à l'amerrissage.

– Mon Dieu! À me livrer ainsi, j'en oubliais presque le but de ma visite. »

Son rire franc éclata de nouveau dans l'habitacle.

Quel être sympathique!

Harry amorça les manœuvres en vue de poser l'avion sur les flots argentés. À l'approche de la baie, il réduisit graduellement sa vitesse, effectua un grand cercle et obliqua plein sud.

Je regardai les alentours avec les yeux d'une enfant émerveillée. Des vapeurs d'eau, ressemblant à de petits fantômes, restaient çà et là en suspension dans l'air. Sur la surface ondoyante, des canards naviguaient en famille, bercés par le va-et-vient des vaguelettes, secouant leur queue après chaque semi-immersion. Sur la terre, des oiseaux et même deux aigles royaux se prélassaient sur des branches d'arbres gigantesques qui telles des fusées, s'élançaient vers le firmament. Pouvait-on demeurer insensible à cette nature débordante?

Dans ce décor à la fois étranger et féérique, je vis Samuel Flores sur un quai. Mon cœur bondit de joie.

De l'adolescence à aujourd'hui…, quel long trajet pour parvenir jusqu'à lui!

« Le paradis n'est pas un espace
et ce n'est pas non plus une durée
dans le temps. Le paradis c'est simplement
d'être soi-même parfait. »

Richard Bach,
Jonathan Livingston le goéland

Chapitre 8

Harry conserva l'assiette d'amerrissage de l'hydravion. Par le hublot, je vis l'immensité de l'océan se rapprocher de nous. Au moment où les flotteurs entrèrent en contact avec la masse aqueuse, il cambra son Beaver évitant ainsi que le nez s'abaisse et que l'eau n'éclabousse l'hélice. Les flots s'agitèrent sous l'impact pour se transformer en sillage derrière l'appareil. À quelques mesures du quai, il coupa les moteurs. La vitesse de rotation des pales diminua jusqu'à l'arrêt total. Tchop-tchop-tchop-tchop…

Après la stabilisation du zinc, le pilote se tourna vers moi, percevant sûrement mes émotions à fleur de peau à l'approche du grand moment. Une brève rencontre dans un restaurant avec cet écrivain s'avérait, certes, peu banale, mais ne pouvait rivaliser avec une semaine entière avec lui. Harry me serra la main et esquissa un magnifique sourire.

« Tout va bien se passer, Marisha.

– Oui, j'en suis convaincue. Merci pour ta générosité, Harry.

– Dans une semaine, je serai de retour et te ramènerai à Seattle. D'ici là, goûte chaque instant.

– D'accord. »

La porte s'ouvrit de l'extérieur. Le visage de Samuel apparut resplendissant, paisible. Tel un véritable insulaire habitué au silence et au respect de la nature, il m'accueillit dans le chuchotement.

« Bienvenue sur mon île, Marisha ! »

Son ton de voix chaleureux se fraya un chemin dans les dédales de mon esprit effervescent et apaisa les anxiétés s'y étant logées depuis mon départ de Montréal.

Il m'aida à descendre de l'avion. Harry me suivit quelques secondes plus tard.

Les pieds à peine sur le quai, le temps se perdit dans les bras de Samuel. Malgré mon côté farouche, je m'abandonnai à son étreinte fraternelle, d'âme à âme, et à la joie profonde des « retrouvailles », du moins pour moi. Harry, cloué dans le silence, regardait la scène avec attendrissement.

J'éprouvai une envie de pleurer à chaudes larmes. La vie qui palpitait en moi, à cet instant, aurait pu être anéantie des années plus tôt, n'eût été les mots bienfaisants de cet écrivain lus dans son livre, *Nuit étoilée en zone libre*.

Après nous être dégagés de notre douce étreinte, Samuel alla saluer son ami. Les yeux fixés sur lui, je suivais ses moindres gestes, cherchant à comprendre le mystère de cet homme. Il portait un T-shirt à rayures marines et blanches ainsi qu'un jeans bleu azur. Ses cheveux garnis de mèches d'argent, emmêlés par le vent, descendaient sur son cou. Après plusieurs paroles échangées, les deux comparses se firent l'accolade. Harry embarqua dans son Beaver, alluma le moteur, nous envoya la main et avança l'appareil sur les eaux devenues ocre au lever du soleil. Il augmenta graduellement la poussée. Lorsque la vitesse fut suffisante, l'hydravion s'éleva dans le firmament.

Je me tournai vers Samuel. Il me sourit et m'invita à lui emboîter le pas vers sa jeep rangée à l'ombre des arbres. Sa douceur et sa délicatesse inspiraient le respect.

Tout en roulant dans le matin chargé de rosée et de lumière, il me renseigna sur son île, sa faune, ses milliers de lapins, libres de toutes contraintes. À un virage, il me pointa, sur sa gauche, le spectacle émouvant des collines, des vallées et des clairières verdoyantes caressées par les premiers rayons.

« Vous aimez la nature n'est-ce pas ?

– Oui. Particulièrement l'eau.

– Pourquoi? »

J'allais réaliser, les jours suivants, qu'il ne résistait à aucune occasion d'employer le mot « pourquoi »; preuve d'une grande soif d'apprendre et de comprendre, chez lui. Ce « pourquoi » le poussait sûrement à des recherches sur lui-même, les autres ainsi que la société: ses mœurs, ses coutumes, ses philosophies. Était-ce cette quête constante, ce penchant vers les mondes étrangers qui l'enveloppaient d'un voile si mystérieux?

« À mon avis, Samuel, l'eau est simplement belle, coulante, soyeuse, caressante, à la fois fuyante et présente. Elle se retire ou gonfle aux marées, elle chante, elle gronde, elle murmure… Ses mélodies sont de véritables proses. Comment ne pas apprécier sa versatilité et sa beauté?

– Votre sensibilité est grande, Marisha.

– Personnellement, je la trouve bien pâle à côté de la vôtre.

– Oh! Savez-vous que toute comparaison entraîne une séparation avec l'autre? Pourquoi voulez-vous la voir ainsi?

– Parce qu'il est évident que je nage dans l'ignorance quant aux perceptions de l'espace et des choses telles que vous les saisissez dans votre esprit et dans votre vie. Je n'ai que des visions, moi, et la plupart du temps, elles sont plus malheureuses qu'heureuses.

– Pourquoi dites-vous «que» des visions? C'est déjà excellent d'en avoir. J'aimerais bien, éventuellement, que vous me parliez d'elles.

– Hum…

– Le moment venu. Rien ne presse, Marisha. »

Pendant près de dix minutes, nous avons roulé en silence. Mes yeux ne cessaient de s'émerveiller des largesses de la nature. La chaleur commençait à devenir plus pénétrante, les traînées de brouillard s'effaçaient au loin sous l'action du soleil. Je songeai à cet être indéfinissable à mes côtés. Pourquoi la trame de mon histoire continuait-elle de s'unir à la sienne?

Samuel freina brusquement. Devant nous, un lapin venait de s'arrêter sur la route avec une insolence presque narquoise. D'ordinaire, au moindre bruit, ces bêtes fuyaient à toutes pattes dans la forêt. Celui-là semblait se moquer royalement de notre présence ; ce lieu lui appartenait, point à la ligne.

« Il n'a pas développé la "sensibilité" aux autres, ce petit mammifère, ou bien il est carrément sourd et aveugle.

– C'est un hors-clan, répondit Samuel, d'un ton mystérieux. Il s'agit d'un lapin de Garenne. Ce petit mammifère, comme vous le constatez, a une petite queue touffue et une fourrure tirant sur le gris plutôt que le blanc. Ses oreilles sont hyper sensibles. Les toucher, c'est l'attaquer… Ce qui me ramène à vous et à votre "sensibilité", Marisha. »

Le lapin déguerpit à la vitesse éclair après avoir abandonné un petit tas derrière lui. Samuel redémarra, conservant un œil attentif sur la route.

« Qu'a-t-elle ma sensibilité ?

– Quand vous croyez qu'elle est moindre que la mienne, vous vous placez en état d'infériorité.

– En circuit fermé sur moi-même et dans la comparaison ?

– Peut-être… En fait, se séparer de l'autre instaure toujours une différence et la différence, malheureusement, grande ou petite, consciente ou inconsciente, voulue ou non, provoque des divisions, des exclusions, des guerres : intérieures et extérieures. Ne craignez pas. Nous avons tous cette tendance à nous séparer à différents niveaux et à diverses intensités. Ceux qui ont développé un sentiment de supériorité se retrouvent dans la même lignée : leur sentiment d'infériorité s'étant simplement transmué en son contraire.

– Je n'avais jamais saisi cela sous l'angle de la "séparation". Intéressant. D'où cela provient-il ?

– La plupart du temps, de désordres affectifs liés à une image de soi rabaissée durant l'enfance et du manque de valorisation. Aussi, de nos compréhensions erronées des événements, des étiquettes, sur notre personne, acceptées comme vraies... Nous avons alors l'impression de ne pas être méritants, de ne pas être aimés, de ne pas avoir notre place. Évidemment, je vous mentionne ce qui me vient à l'esprit, car il y a tant de raisons possibles. Vous souvenez-vous, dans mon livre *Nuit étoilée en zone libre*, quand je dis qu'à chaque traumatisme vécu, un étranger peut prendre logis en nous, puis un autre et un autre ?

– Oui, très bien.

– Ensemble ou séparément, ils mènent notre existence comme si nous étions leur pantin, jusqu'au moment de notre guérison. Ils fabriquent des peurs, des complexes, dont entre autres, celui d'infériorité.

– Est-ce possible d'échapper à nos saboteurs intérieurs ?

– Les rencontrer serait une réponse plus appropriée. Leur échapper serait carrément les fuir. Tout ce que l'on évite n'est pas réglé. Par contre, devenir hors-clan, à l'image de ce lapin, mais de manière sécuritaire, permettrait de mieux nous situer devant nos conflits, de voir d'un nouvel angle nos attitudes, d'apprendre à nous dégager de nos perspectives étroites, de rompre avec nos vieilles habitudes...

– Encore faut-il savoir comment...

– En réalité, Marisha, c'est un travail de longue haleine. Il importe de revenir sur des événements douloureux de notre vie, de les analyser, de les comprendre, de les dépouiller des attributs qu'on leur a peut-être donnés en cours de route et qu'ils ne possèdent nullement. Il serait même dans notre intérêt de sillonner la langue pour découvrir un vocabulaire riche, plein, non terni par des termes pessimistes. Aussi, de consentir à *voir* différemment notre relation "au manque", de constater nos dérogations à l'amour – de soi et de l'autre. L'idée n'est pas tant de chercher la liberté, mais d'être libre de la trouver là où d'autres s'accrochent à leurs illusions.

– N'empêche, le lapin, pour suivre sa voie, aurait pu être écrasé sous vos roues. Le *combat* ou la *fuite* aurait dû être son réflexe normal d'adaptation à un danger imminent, non ? S'il continue dans l'inconscience et l'insouciance des menaces autour de lui, il y a de fortes chances que la prochaine "liberté" qu'il prendra à faire ses petits besoins sur la route, soit sa dernière.

– Absolument. N'eût été ma réaction rapide, cet herbivore serait au paradis des mammifères étourdis et téméraires. Mon exemple, par contre, se voulait davantage une référence aux plans mental et subtil.

– Alors, dites-moi, Samuel, pour nous les âmes humaines, qu'est-ce qu'être hors-clan?

– Êtes-vous prête?

– Oui!

– Être hors-clan, c'est justement entreprendre une démarche inté-rieure; c'est transcender notre nature pessimiste; c'est accueillir avec bienveillance les particularités et les différences des gens avec qui nous entrons en contact; c'est chercher la signification profonde et sacrée des choses; c'est placer l'amour au centre de notre exis-tence et se mettre à son service; c'est s'ouvrir aux réalités invisibles, c'est éprouver de la gratitude; c'est réapprendre le véritable *don*; c'est développer l'art de *voir*...

– WOW! Il s'agit là d'une authentique révolution personnelle!

– Tout à fait.

Samuel parlait avec la facilité de celui qui a vécu intimement ces expériences. Sa façon de s'adresser à moi, avec une voix musicale, de ponctuer ses paroles de gestes doux, et de sourire avec tendresse, le rendait un compagnon des plus agréables avec qui parcourir les routes, avec qui échanger, avec qui appréhender la vie autrement...

Il poursuivit:

« Aller à l'inverse du connu, c'est aussi accepter notre sensibilité, Marisha, qu'elle soit, à nos yeux, grande ou faible, profonde ou à fleur de peau. Peu importe son degré, il s'agit du filon nous permettant d'aller visiter et d'approfondir d'autres mondes. Sans elle, nous demeurons à l'état brut de nos possibilités. Dès le moment où une personne s'enferme dans une manière de penser à sens unique, qu'elle se complait dans sa souffrance et sa suffisance, qu'elle erre dans des impasses conflictuelles sans tenter de les résoudre, qu'elle s'en remet strictement à ses constructions et ses perceptions erronées, qu'elle envisage le temps dans une perspective seulement objective plutôt que subjective…, alors elle emprunte une route fort fréquentée. Mais avance-t-elle? Stagne-t-elle? Tourne-t-elle dans sa vie, comme dans un carrefour giratoire? »

Samuel quitta des yeux la route un moment pour m'adresser un sourire sympathique. Rien, chez lui, ne donnait l'impression d'une supériorité vaniteuse. Rien n'était dit d'un ton condescendant. Par sa chaleur, il m'enveloppait et m'offrait une lumière oubliée en chemin.

« Fuir sa sensibilité, Marisha, c'est esquiver une part de soi primordiale.

– Samuel, je ne fais que ça, esquiver… en plus, de fuir ma sensibilité. Je vous l'assure, je ne manque pas une occasion de m'éclipser aux premières adversités rencontrées : dans la bouffe, la maladie, ou carrément dans un autre pays. Même quand la vie m'apporte des bontés, je bousille tout. Je déserte mon bonheur. Vous l'ignoriez, mais j'ai un doctorat en fuite. Quel gâchis d'existence! Docteur Flores, suis-je malade? »

Samuel étala un large sourire sur ses lèvres.

« Si vous l'êtes, l'humanité entière l'est aussi. En ce qui me concerne, Marisha, vous n'êtes pas malade. Par contre, en consacrant vos ressources à vous rejeter, à vous isoler, à refouler le mal qui vous afflige, votre développement personnel en souffre indubitablement. Les autres sont tous fins, beaux et intelligents alors que vous vous positionnez au ras des pâquerettes. Ça sent sûrement très bon, mais vous êtes diminuée, loin d'être à la hauteur de votre grandeur.

– Pas facile, Samuel, de ne plus prendre la poudre d'escampette quand les épreuves nous sautent dessus… Mes limites m'ont régulièrement empêchée d'établir une communication véritable et j'ai sans cesse déserté les situations en ma défaveur. Mes résistances me maintiennent souvent dans l'impossibilité de partager ce qui m'afflige et me mine de l'intérieur, alors je me replie alors sur moi-même.

– S'interdire la fuite est difficile, car elle est un processus neurophy-siologique de mise à l'abri. C'est une manière de se soustraire à une situation, surtout quand il est question de vie et de mort ou que notre intégrité psychique est menacée. Quand on a épuisé toutes nos ressources – si la situation le permet – et que rien ne nous pro-tège, fuir se révèle essentiel. La fuite permet aussi un évitement des lieux dangereux rappelant un traumatisme. Inutile, sur la base d'expériences passées, d'aller se mettre de nouveau dans la gueule du loup. Ça prend du temps, parfois, pour absorber un traumatisme ou un événement troublant. Par contre, se dérober sans cesse à notre vie, aux circonstances autant heureuses que ténébreuses, ouvre la porte à davantage de conflits et de problématiques personnelles. Là où ça se complique encore plus, c'est lorsqu'une personne se ferme à l'amour : une aide pourtant précieuse pour traverser les remous de l'existence et dépasser ses limites, au lieu de les fuir sans cesse.

– Pourquoi l'amour, toujours l'amour ? Qu'a-t-il de si grand et de si beau qu'on ne puisse s'en passer dans notre vie ? Pour ma part, et à ce jour, je le considère davantage comme le lieu de bien des tensions, de brisures, de ruptures et de multiples conflits. Il éblouit l'innocence d'une personne, et vlan, il se retire ensuite au profit de l'intolérance, de l'injustice, de l'incompréhension, du rejet, de la trahison… Dois-je en ajouter ?

– Marisha, vous ne parlez certainement pas du «véritable» amour. Car l'amour conditionnel – ou faux amour, ou amour illusoire –, rencontré sous des formes multiples, ne représente que de la peur. Le véritable amour ne se "retire" pas. *Pourquoi l'amour, toujours l'amour ?* À cette question, je répondrais simplement : parce qu'il est indivisible. Parce qu'il ne divise pas, non plus. Il englobe tout. Il est inclus en tout. Il recouvre tout. Il est tout. C'est connu, nous nous en séparons chaque jour par nos pensées de peur et de haine. Ces énergies qui s'accumulent, endiguées en nous comme une crue, éclatent ensuite au hasard des circonstances. Le véritable amour, lui, se situe bien au-delà des attaques et des défenses. Il est. Il permet. Il demeure. Cela dit, je tiens à vous préciser notre impos-sibilité d'être en sa présence chaque instant de notre vie. Nous sommes des créatures faillibles. Par contre, s'en approcher, c'est le reconnaître, le ressentir et l'habiter de plus en plus souvent.

– Un prix de consolation dans ce monde d'amertume ?

– Plutôt un bonheur dans ce monde en mouvement.

– Vous êtes positif et optimiste. Comment l'aborder, cet amour ? Sur la pointe des pieds ou en défonçant des portes ?

– Défoncer des portes serait malheureux. Les ouvrir serait beaucoup mieux. »

Mon éclat de rire fusa dans la voiture. Rien n'avait plus d'importance que cette croisée de pensées, cette manière de regarder calmement les situations, sans tomber dans des psychodrames abêtissants.

« Que trouve-t-on en les ouvrant, ces portes ? Des déferlantes d'amour sur nous ?

– Vos images sont toujours assez musclées, Marisha. Si vous voulez des déferlantes, ce sera des déferlantes. Le véritable amour s'apparente davantage à une longue et constante coulée. L'amour est simple, vous savez…

– Simple ?

– Je sais, les mots sont faciles à dire, mais les agirs, plus difficiles. Pour atteindre l'amour et le laisser résonner en nous, il n'existe que peu de chemins. Les principaux : la réparation et apprendre à *voir*.

– À *voir*…, ça aussi, comme l'amour, encore et toujours ?

– Tout commence là où nous arrêtons notre choix, où s'établit notre croyance. Pour guérir, je pense personnellement qu'il importe de *voir* autrement. Dans le monde physique, nous avons tendance à nous arrêter qu'à l'évidence, qu'à ce qui capte nos yeux. Nous restons rivés à nos fausses certitudes, nous écoutons les voix de l'ombre, nous craignons l'amour, nous ne voyons pas les événements tels qu'ils sont. Nous conservons une vision étroite des choses… Nous pouvons vivre une vie entière ainsi. Peut-être, par contre, passons-nous à côté d'un tout autre versant de compréhension…

"Voir autrement" joue un rôle déterminant dans notre vie et dans les choix que nous effectuons chaque instant. Nous nous éloignons alors de nos idées préconçues et nous nous ouvrons à une vision plus grande de nous-mêmes et de la vie. De plus, nous pavons la route à des "visions" qui, elles, ne sont pas limitées par l'espace, le temps, la distance, la simple vue…

– La simple vue ?

– Une vraie vision peut se voir aussi bien les yeux fermés qu'ouverts.

– Ouf ! Et comment notre sensibilité peut-elle nous aider à regarder notre vie et notre quotidien autrement ?

– En la considérant comme un capteur…

– Une caméra, par exemple ?

– Voilà ! Vous m'offrez là, l'exemple rêvé. Plus la sensibilité du capteur de l'appareil est élevée, plus les photos prises dans des conditions d'éclairage très faibles seront claires. C'est la sensibilité qui détermine la qualité des images.

– C'est pareil pour les visions ?

– Tout à fait ! Plus vous développerez votre sensibilité, plus vous accroîtrez votre capacité de voir ce qui, pour d'autres personnes, restera dans l'ombre. Quelle est votre couleur préférée ? »

Hein !

Je sursautai. Alors qu'il soumettait à mon attention des informations importantes et pertinentes, Samuel coupait soudain la conversation avec une question aussi banale que : « Quelle est votre couleur préférée ? » Je répondis tout de même, intriguée. Rien n'était laissé au hasard ou aléatoire dans les propos de cet écrivain-aviateur, également philosophe.

Embarque, Marisha. Participe au jeu…

« J'aime le jaune. Le jaune des cirés de marin des hautes mers. Aussi, le bleu-sarcelle, le turquoise, l'indigo… Je n'aime pas le rouge. Trop voyant, trop agressif, trop éclatant, trop flamboyant, trop intense… Il m'irrite.

– Le rouge n'est qu'une couleur, que des vibrations, qu'une synthèse additive avec le bleu et le vert, qu'une longueur d'onde…

– Oh !

– On peut lui attribuer toutes les qualités que l'on veut et tous les défauts possibles et inimaginables, la couleur demeurera toujours fondamentalement rouge. Pour *voir*, il faut affiner nos perceptions, élargir notre perspective et accueillir ce qui est. Commence alors une belle et grande aventure…

– Sauf si une personne voit rouge…

– Vous êtes drôle, Marisha. Si elle voit rouge, c'est qu'elle parcourt un sentier autre que celui de l'amour, même si le rouge, sur cette planète, en est la représentation principale. Pour vraiment *voir* la couleur rouge, tous les qualificatifs doivent disparaître pour la laisser être. Le jugement et les étiquettes installent un frein à la vision. Nous entretenons alors l'illusion que nos perceptions sont la réalité et nous perdons notre liberté. »

Samuel se tut.

Au détour d'une route, il s'engagea sur un chemin en terre claire au bout duquel, nous nous retrouvâmes devant plusieurs hangars.

« Voici les résidences de mes avions », me dit-il, la voix un peu plus forte, plus vibrante.

De grandes bâtisses jaune pâle s'étendaient dans un champ d'herbes vertes gorgées de lumière. Il stationna. Je sortis du véhicule le cœur battant. Après avoir débarré la porte de l'une d'elles, il exécuta une légère révérence, puis me fit signe d'entrer, avant de me suivre à l'intérieur.

Apparu alors devant moi, un magnifique avion…

ROUGE!!!

« Fuir sa sécurité ne veut pas dire se détruire soi-même, ai-je dit. On ne se glisse pas dans le cockpit d'un avion de course avant d'avoir appris à piloter un avion léger. De petits choix, de petites aventures avant les grandes. Mais un jour, comme au milieu d'une course aérienne, dans le rugissement tonitruant d'un moteur monstrueux, le monde étant réduit à un brouillard verdâtre quinze mètres plus bas, on contourne des pylônes sous une force de six G, et soudain on se rappelle : j'ai choisi de vivre cet instant ! J'ai construit cette vie ! Je la voulais plus que toute autre chose, j'ai nagé, j'ai marché, j'ai couru pour l'obtenir, et maintenant elle est là ! »

Richard Bach, *Fuir sa sécurité*

Chapitre 9

$\mathcal{J}$e restai figée un moment.

Le zinc était rouge. Rouge comme mes joues enflammées. Rouge comme le sang. Rouge comme la brique. Rouge comme une boîte aux lettres. Rouge, rouge, ROUGE…

Quelle ironie du sort !

Je regardai l'avion, muette d'étonnement. Étrange. Ainsi associée à l'objet rêvé, cette teinte se distinguait soudain par sa beauté. J'en tirais là une bonne leçon : ne jamais m'enfermer dans mes convictions obtuses, inébranlables, même si mon aversion du rouge se situait au-delà d'une simple question de goût. Je devais plutôt me demander à quelle blessure cette profonde répulsion se trouvait associée.

Samuel semblait heureux de voir mon émerveillement pour cet appareil rouge aux ailes fuselées, effilées.

« Est-ce que je peux le toucher ?

– Bien sûr, Marisha. »

J'effleurai sa carlingue avec douceur, tendresse, affection.

Je me tournai vers l'écrivain. Pour la première fois, j'entrevis sa vulnéra-bilité. Une larme perlait sur le bord d'un œil. Je touchais sa passion, sa vie, sa respiration… Je lui adressai un sourire rassurant. À ce moment précis, je me fis la réflexion que le mien, mon rêve, j'allais le concrétiser, dussé-je avoir quatre-vingt-dix-ans. Je ne quitterais pas la planète sans avoir en main mon brevet de pilote, sans avoir dessiné des arabesques dans le firmament, sans avoir surmonté des pics, sans avoir survolé des étendues de forêts…

Julie-Anne ! ! !

La petite fille du café *Second Cup* promenant son biplan bleu dans les airs m'apparut si clairement, que je chancelai sur mes jambes. Samuel s'approcha, inquiet.

« Qu'avez-vous ?

– L'émotion, vous savez, ça crée parfois quelques malaises physiques et des…_{apparitions}. »

Avait-il entendu mon dernier mot ? Une lueur brillante s'alluma dans ses yeux.

« Prenez une grande respiration, Marisha.

– D'accord. »

J'inspirai. J'expirai.

« Là, ça va ?

– Un peu mieux.

– Sans vouloir vous perturber davantage, j'aimerais vous inviter à voler avec moi. Nous prendrons un autre avion, parce que celui-ci est en réparation. »

Si ma gêne n'avait pas été si grande, je me serais précipitée dans ses bras.

Ouiiiiiiiiii, répondit intérieurement la petite fille.

« Avec un immense plaisir », répondit à voix haute l'adulte.

Après un long moment passé à examiner l'appareil rouge sous tous ses angles et à accueillir les différents commentaires de Samuel sur sa voilure, son moteur, ses instruments de bord…, nous sommes retournés à sa jeep. Quelques minutes de trajet suffirent avant d'arriver à sa piste de décollage. Tout près, un avion léger fainéantait dans un champ avec pour seule couverture, le ciel d'été. Je sursautai en réalisant qu'il s'agissait d'un

Piper Cub... jaune! Décidément, mon aventure me réservait de nombreuses surprises!

Durant les quinze minutes qui suivirent, j'observai Samuel préparer l'appareil. Ces instants uniques et précieux m'amenèrent à remercier tous les concours de circonstance m'ayant conduite à ce fabuleux destin. Si l'on se fiait aux normes de la probabilité, cette rencontre aurait eu peu de chance de survenir dans ma vie. Moi, je savais mieux...

Après avoir grimpé dans l'avion et que Samuel ait complété les procédures de base, je remarquai un sourire errer sur ses lèvres.

« Dans quelques secondes, Marisha, nous allons chatouiller le firmament et ses petits nuages. Êtes-vous prête?

– Un seul mot: oui! »

La veille, en Boeing, ce matin, en Beaver et maintenant, en Piper Cub avec Samuel Flores, que puis-je demander de plus?

L'avion s'avança vers la piste, face au vent: position idéale pour l'envol. J'admirai la dextérité de cet homme. Avant d'élever l'engin dans les airs, il se tourna vers moi. Son regard fit monter le long de mes nerfs une chaleur bienfaisante. Était-ce parce que je me trouvais assise à côté de celui qui m'avait sauvé la vie? Mon sentiment « d'exister » n'avait jamais été aussi grand. Se doutait-il un seul instant que les simples gestes routiniers effectués à la minute même prenaient pour moi une valeur inestimable? Qu'ils s'inscrivaient de manière indélébile dans mes cases « souvenirs »? Je ressemblais sans doute à ces petits animaux qui, ayant perdu leur mère, s'attachent au premier « objet » en mouvement. Dans mon cas, c'était Samuel Flores qui m'avait mise en mouvement, qui avait contribué à ma deuxième naissance. Il devenait mon modèle à suivre. Son empreinte psychologique avait même orienté mes choix, dont celui de devenir écrivaine.

Après avoir atteint une certaine vitesse, Samuel tira délicatement sur le manche. L'avion décolla en douceur, amorçant sa montée vers son altitude de croisière. Autour de nous, l'aurore étincelante semblait en représentation d'elle-même. Captive de cette beauté, je lançai mes remerciements muets à cet horizon splendide. Je ne sais pas si cet homme respectait mon état d'hébétude ou si lui-même vivait avec intensité ce moment de pure magie, mais le silence n'était percé que par le bourdonnement du moteur.

« Comment ça va, Marisha ? me lança soudain Samuel.

– Les mots "très bien" ne sauraient résumer la profonde gratitude que j'éprouve en ce moment envers vous et cette nature magnifique. Le bonheur a-t-il le droit d'être éternel ?

– Cela dépend de votre définition du bonheur. »

Voilà. Nous repartions vers une autre sorte d'envol. Il me regarda avec cet air indéfinissable le caractérisant si bien.

« Je vous emmène vers une petite crique inconnue du grand public. Le bonheur s'y trouve déjà… »

– Pour émerveiller notre âme..., ajoutai-je.

– Exactement, Marisha. Vous me tirez les mots de la bouche et les poétisez avec grâce.

Je rougis.

« Vous qui aimez l'eau, vous serez choyée.

– C'est gagné d'avance, de toute façon.

– Saviez-vous qu'un chercheur de l'université de Twente, aux Pays-Bas, a découvert qu'une goutte d'eau, en gelant, se hérisse sous l'effet de la tension ? La goutte d'eau devient même pointue.

– J'ignorais cela.

– Une analogie avec l'être humain serait facile à suggérer, ici. Puisque nous sommes également "chimie et réaction", lors de froids hivernaux, mais également intérieurs, l'homme se hérisse, montre des pics, se protège…

– Hum… J'ai quelques références en tête, fis-je en riant. De toute façon, nous avons tous nos heures d'irritation quand la confusion règne en nous...

– Vrai! Souvent, on tente laborieusement de cacher ce trait agressif aux yeux des autres, au lieu de nous délivrer de notre fardeau de haine.

– Doit-on s'occuper et se préoccuper de toute la part "invisible", de la nature corpusculaire de la vie?

– Cela dépend des circonstances. Les scientifiques ont besoin d'effectuer des recherches – bien souvent sur l'infiniment petit et l'invisible – pour découvrir et apporter au monde le fruit de leur travail, pour notre évolution. Néanmoins veut-on vraiment savoir que la formule chimique d'un éclair, quand il éclate dans le ciel par une nuit d'orage, est: $CH_4 + NH_3 + H + H_2O$? Que la caféine est un alcaloïde de la famille des méthylxanthines et que sa formule est: $C_8H_{10}N_4O_2$ et sa masse molaire de: C 49,48 %, H 5,19 %, N 28,85 %, O 16,48 %?

– Pas vraiment. Je préfère de beaucoup goûter à sa saveur unique et penser à l'effet "éveil" pour ne pas dire "explosif" qu'il procure à mes neurones endormis. D'ailleurs, dans votre crique paradisiaque, euh…, se trouve-t-il une cafetière que l'on pourrait brancher à un arbre? »

Samuel éclata de rire.

« Non, mais je vous en préparerai un corsé lorsque nous arriverons à la maison.

– Il sera fort bienvenu. »

Jusqu'à notre atterrissage sur une petite piste grossièrement aménagée dans une clairière, aucun autre mot ne fut échangé: on aurait dit un accord tacite entre nous.

« Terminus, dit-il, après avoir coupé le moteur. Maintenant, nous allons devoir marcher un peu avant d'atteindre cet éden.

– Pas de problème. J'ai de bonnes chaussures et de bons pieds: éléments essentiels pour aller au paradis. »

Il me considéra un long moment, sourire aux lèvres, avant de m'inviter à descendre de l'appareil, soutenue par son bras.

Après avoir sécurisé le Piper Cub, nous nous sommes engagés dans un sentier étroit, à peine défriché. Nous marchions l'un derrière l'autre. Une légère bruine donnait un air mystique aux environs. À chaque détour, je m'attendais presque à voir surgir des fées, des elfes, des lutins, des gnomes, un chevalier, une princesse à sauver, ou… un lapin. De temps en temps, Samuel pointait çà et là la nature généreuse : des fleurs, des plantes…, me parlant d'elles un peu à la manière de Doris, comme si elles étaient ses amies.

Au bout de dix minutes d'enfoncement dans le bois, s'ouvrit devant nous la crique aux mille beautés : la huitième merveille du monde !

Bordée d'une falaise abrupte à sa gauche, et d'un promontoire de roches blanches s'élevant vers le ciel depuis l'océan à sa droite, une plage en forme de demi-lune hébergeait du sable fin et d'innombrables galets arrondis. Les eaux claires, vibrantes et scintillantes venaient étendre en multiples vagues leurs rires sur la grève. Moment d'ivresse, de reconnaissance, d'enchantement. Autour de nous, des essences odorantes flottaient dans l'air, ajoutant à la féérie du lieu. Je m'approchai et touchai une inflorescence en épi. Elle offrait des bractées duveteuses et jaune ambre, dans lesquelles se lovaient de petites fleurs vertes blotties les unes contre les autres. Doris m'avait appris à bien décrire les plantes et les herbes : pour elle, il s'agissait là d'une obligation, d'un hommage rendu à leur beauté, à leur présence et à leur utilité sur la terre. Tout un enseignement !

« C'est une Castilléjie dorée, m'expliqua Samuel. Cette espèce menacée il y a quelques années est maintenant en voie de disparition. Elle a été victime entre autres de fauchages, de piétinements et de cueillettes par les randonneurs, en plus d'être un aliment de prédilection pour certains animaux herbivores. Résultat : l'espèce s'éteint à un rythme alarmant. Quelle tristesse ! »

Mon cœur se gonfla un moment en regardant les petites fleurs jaunes épanouies au soleil.

« Allons nous asseoir, si vous le voulez bien. Je nous ai apporté un petit goûter : du fromage Saint-Paul, des craquelins et du jus. Ça vous convient ?

– Je ne pourrais demander mieux.

– Je ne suis pas convaincu de ça.

– Ah bon!

– Et votre café? »

En riant, nous nous sommes installés sur une grosse roche plate surmontant le paysage. Samuel sortit de son sac le casse-croûte. Les trente minutes suivantes furent consacrées à cette délectation. Puis, sans se consulter, le silence régna et seule la contemplation fut le théâtre du moment. Le temps se dépliait en longueur devant nous, cristallisant une fois de plus la beauté dans la boîte à souvenirs de mon esprit.

Au moment même où je pensais que lui et moi étions seuls au monde dans cette crique – *s'il vous plaît, arrêtez le temps, quelqu'un* –, il se tourna vers moi et mentionna en douceur:

« Il n'y a que vous et moi, ici. »

Stupéfaite, je regardai ses yeux bleus électriques. Je lui souris timidement.

« Alors, Marisha, quelles questions aimeriez-vous me poser? »

Je pris le temps d'une pause pour réfléchir.

« Nous y voilà donc, Samuel, fis-je, en prenant une profonde respiration. Il y a d'abord celle qui hante probablement tout écrivain, moi la première : quel est la voie infaillible pour écrire un livre qui happera le lecteur du début à la fin?

– Je vais vous décevoir, Marisha. Il n'y a pas de chemin précis pour écrire un livre, pour trouver les mots qui transformeront une page blanche en un magnifique roman.

– Oh! Quelque peu désappointée, en effet...

– Vous ne le serez pas très longtemps, car il y a tout de même "des" chemins... Certains écrivent de manière très cartésienne, avec un plan général du déroulement de l'histoire, incluant une recherche globale sur le sujet, les lieux, les personnages, les situations, etc.

D'autres se fient carrément à leur inspiration, laissant l'histoire advenir devant leurs yeux, un peu à la manière "d'associations libres", en psychanalyse. Sans se censurer, ils s'abandonnent au flot de leur imaginaire, de leurs idées farfelues, sages, dramatiques, réconfortantes, novatrices, saugrenues... Ce n'est qu'à l'étape de la relecture personnelle qu'ils effectuent des recherches, étoffent, améliorent, rectifient ou approfondissent les passages boiteux de leur texte.

– Moi, je fonctionne sans plan. C'est un exercice exceptionnel de lâcher-prise qui me réserve toujours des surprises de taille. Vous, Samuel, plan, pas plan, vous y allez?

– Drôle! Vous l'avez sans doute deviné, je privilégie l'élan spontané et sans filtre de l'écriture. Avoir un plan, pour moi, empêcherait la "respiration" de mes mots. Pour qu'ils vivent en toute latitude, ils ne doivent pas être emprisonnés dans un cadre précis et rigide. Ce serait entraver l'élaboration de l'œuvre en attente. Néanmoins, je respecte toute autre forme privilégiée par les écrivains, puisqu'elle fonctionne pour eux. Voilà le plus important. Pourquoi s'évertuer à écrire d'une façon différente quand la nôtre nous satisfait et produit des résultats?

– Je suis entièrement d'accord avec vous, Samuel.

– Connaissez-vous l'écrivain Philippe Claudel?

– J'en ai entendu parler, mais honte à moi, je n'ai pas lu ses livres. Ont-ils été traduits en anglais?

– La plupart d'entre eux. Celui dont je veux vous citer un passage est *Brodeck's Report* (*Le rapport de Brodeck*). L'auteur dit ceci: "J'écris dans une sorte d'inconscience. J'écris comme un lecteur, mot à mot, ligne à ligne, page après page. Je découvre le roman en l'écrivant. J'avance dans le noir et c'est pour cela que je dis que je suis moins un écrivain qu'un lecteur. Je suis incapable de faire un plan. Jadis, quand j'essayais d'en faire, je n'arrivais pas à écrire parce que cela me stérilisait complètement. Évidemment, je ne suis pas totalement idiot en écrivant, je pressens des choses, mais à la fin, la lecture devient un bain révélateur et je vois mon cliché qui commence à sortir, je vois les contrastes et je vois la photo."

– Je procède exactement comme cela, Samuel. Je n'aurais pu le dire en de meilleurs mots.

– Excellent, surtout si vous êtes à l'aise dans cette façon de procéder. L'écriture c'est aussi l'art de raconter une histoire, peu importe le genre, le style… Comme pour nous tous sur la planète. Elle a un début et une fin. Une fin et un début. L'écriture, pour moi, c'est d'abord une enquête.

– Une enquête?

– Oui. Tout acte d'écrire procède d'une enquête que l'on veut effectuer sur soi-même, sur les autres, sur la société, sur ses *us et coutumes*, etc. Vous avez sûrement entendu cette phrase bien connue: "On enseigne toujours ce que l'on a le plus besoin d'apprendre." C'est ce que je fais…

– Samuel, faut-il être malheureux pour écrire, comme le pensent bien des gens?

– On croit souvent à tort que l'écrivain doit être torturé pour produire ses plus belles œuvres. Certains auteurs eux-mêmes pensent de cette façon. Ils iront jusqu'à refuser d'aller en thérapie pour conserver les souffrances qui les poussent à rédiger des textes littéraires dramatiques. Il n'y a rien de mal à cela. Je crois cependant que l'inspiration de l'auteur provient du tréfonds de son âme, peu importe si ses contours émotionnels sont adoucis ou non. Son instinct intérieur le guide sans cesse dans les mots à choisir pour livrer ses secrets, ses états d'âme… »

« Comment écrivez-vous, Samuel?

– Je plonge ma plume dans le monde de l'émerveillement, dans mes conceptions et mes philosophies de la vie, dans mes vérités de l'instant et celles cachées des choses, dans mes passions comme l'aéronautique, aussi dans les dialogues d'âme à âme, dans le silence…

– Là où se trouve votre cœur se trouve votre inspiration…, c'est ça? Vous voyagez sur les ondes de l'amour?

– L'amour? Je ne saurais décrire l'amour, cet infiniment plus grand que moi qui se niche pourtant au creux de mon être. Que ce soit en anglais, en français, en latin, en grec ancien ou nouveau, aucun mot ne peut décrire véritablement une expérience si intime, si mystique; seulement s'en approcher, comme je le mentionnais plus tôt. D'ailleurs, tout cœur à cœur se passe de mots.

– Même de mots doux?

– Oui. Bien sûr, nous avons le droit de nous envelopper de la couverture de la tendresse et de réconforter l'autre en lui déclamant des paroles aimantes à l'oreille. Petit bémol, néanmoins, ces mots doux, comme vous le dites, sont parfois à l'origine de bien des manipulations, bien des emprises et bien des fusions. Au nom de l'amour, on peut se berner beaucoup et longtemps. Idem au nom du désamour. Pour éviter la confusion et la perdition, assurons-nous qu'ils proviennent d'un lieu pur en nous, libre d'une dépendance affective captative… même si je ne sais trop si cela est possible. Encore là, l'humain…

– Exact, Samuel.

– Pour revenir à l'écriture, le romancier Julien Gracq a dit: "être écrivain, c'est découvrir patiemment, au fil des années, la seconde personne qui vit en nous, et un monde qui secrète notre seconde vie…" Quant à Robert Sabatier, écrivain et poète: "[...] écrire, c'est lire en soi pour écrire en l'autre".

– Quelle profondeur! À la fois une quête et une ouverture à l'autre.

– Vrai! N'oubliez pas que l'écriture suppose toujours un « autre ». Même si l'écrivain écrit d'abord pour lui-même, il écrit aussi à quelqu'un dans l'espoir d'être accueilli, apprécié et aimé.

– Est-ce qu'il y a une façon d'écrire, comme vous, avec autant d'âme et de finesse?

– Voilà. Nous arrivons au point le plus important de cette conversation. Je pourrais passer le reste de l'avant-midi à vous expliquer l'histoire de l'écriture, son architecture, ses structures... cela ne vous ferait pas participer intimement à l'expérience. Du point de vue physique, les mots doivent valser, avoir une belle rondeur, donner forme à une structure intelligente et enrichissante. Chaque mot est important pour nommer ce qui se vit en nous et autour de nous. Par contre, pour toucher le lecteur, surtout quand il s'agit d'un roman, d'une fiction et d'un poème, l'écriture doit émerger directement du cœur. »

Dans l'isolement de ce lieu rempli de sérénité, à côté de cet écrivain, je retrouvais le désir de reprendre la plume, délaissée temporairement en raison de doutes persistants quant à ma capacité de mener à bien l'intrigue d'une histoire, de surprendre le lecteur, de lui communiquer les profondeurs de mon âme. Bref, d'être une bonne écrivaine.

« Puis-je vous poser une autre question, Samuel ?

– Bien sûr !

– L'écrivain a-t-il besoin d'un alibi, d'une raison pour écrire ?

– La bonne interrogation que voilà ! Non. Pas toujours. Parfois.

– Hum... Ça vous dirait, au bénéfice de mes neurones, d'être plus clair ?

– Disons plutôt qu'il s'agit de rester ouvert à ce qui veut faire passage dans l'œuvre.

– Maintenant, nous venons de "passer" du mandarin au coréen. Attention, là...

– Plus simple encore ?

– Oui. Sinon de la fumée va jaillir bientôt de mes oreilles.

– Vous n'avez jamais pensé devenir humoriste, Marisha ?

– J'y compte bien. Dans une prochaine vie, par contre. J'ai trop de boulot dans celle-ci.

- Alors, j'irai vous applaudir.

- N'oubliez pas de venir me voir dans ma loge, après ma représentation.

- Il va sans dire !

- Pour revenir à votre question, le *passage à l'œuvre*, ce n'est pas très compliqué. C'est permettre à ce qui veut émerger de s'étaler, de prendre forme, de se livrer sur la feuille de papier... Écrire ressemble à une naissance. Nous avons en nous plein d'informations, de rêves, de désirs, d'enseignements à délivrer. Un bon matin, quand le "bébé" est prêt à naître, les écluses s'ouvrent, l'imagination se déverse...

- Si écrire c'est naître... qui est le parent ?

- Il tient la plume. »

« *Responsable signifie capable
de répondre, c'est-à-dire capable de
répondre de la manière dont
on choisit de vivre.* »

Richard Bach,
Illusions ou Les aventures d'un Messie récalcitrant

Chapitre 10

L'avant-midi fila comme une pluie de perséides au mois d'août : à la vitesse éclair.

Notre retour fut tranquille, entrecoupé de « ho ! » et de « ha ! » lancés aux beautés de la nature. Peintre à mes heures, que de plaisir aurais-je eu, pinceau à la main, à traduire sur mes toiles : les cieux, les promontoires rocheux, les forêts de séquoias géants, les pâturages fertiles, les terres agricoles, les villages de pêche, les collines boisées, les landes vallonnées… Je me demandai si à mon arrivée à Montréal, au Québec, une petite déprime viendrait s'abattre sur moi. Non pas que «ma» ville s'avérait insipide, mais les splendeurs de la côte ouest ne souffraient aucune comparaison.

L'île où résidait Samuel se trouvait au nord de Seattle, dans l'enclave appelée Puget Sound (un bras de mer de l'océan Pacifique), constituant le prolongement du détroit de Juan de Fuca. À sa résidence, Samuel m'amena d'abord sur son immense esplanade dominant les environs. Vue époustouflante ! Il m'indiqua, au loin, les monts Constitution, Rainier et Baker, de la chaîne des Cascades, découpant leurs silhouettes sur l'horizon.

« Le mont Baker est l'un des sommets recevant le plus de précipitations neigeuses au monde, annonça-t-il en le pointant du doigt.

– Étrange ! Il n'a pas l'air si haut comparé à d'autres monts connus. »

Roy… Mon cœur se serra un moment… L'inquiétude m'avait complètement quittée pendant quelques heures.

« Tout à fait. Le cône du mont Baker domine l'horizon à seulement 3 300 mètres, si je puis dire ainsi. Cette montagne se trouve à trente kilomètres au sud de la frontière entre les États-Unis et le Canada, au sud de Vancouver.

– Pourquoi, alors, reçoit-il autant d'accumulations neigeuses ?

– Dans cette région, d'énormes masses d'air tempéré, générées à l'ouest par l'océan Pacifique, vont frapper la barrière des montagnes des Cascades pour ensuite déverser leurs précipitations sur sa cime.

– Une année, il a reçu jusqu'à un cumul de 29 mètres de flocons.

– Wow ! À peine croyable ! Et là-bas, au loin, que sont ces pointes minuscules ?

– Des îles. Elles ne sont visibles qu'à marée basse.

– Ce ne serait pas une bonne idée d'aller faire du camping sur l'une d'elles.

– Pas vraiment.

– Peut-être que vous-même êtes un naufragé sur une île déserte, un genre de Robinson Crusoé devant chercher sa pitance, chaque matin : noix de coco, poissons et, aussi, du petit bois pour le grand feu... »

Pince-sans-rire, il rétorqua :

« Vous pourriez être surprise !

– Mesurez-vous la chance que vous avez de vivre ici, Samuel ? La saisissez-vous chaque jour, ou êtes-vous de ces personnes qui, trop habituées à cette magnificence, ne la voient plus ?

– Je suis continuellement rempli de gratitude, Marisha. C'est d'ailleurs mon mode de vie. La gratitude permet de s'arrêter aux belles et bonnes choses de la vie. Pratiquer cet exercice tous les jours permet de nous centrer non pas sur nos manques, mais sur les splendeurs de la vie, particulièrement nos richesses intérieures.

– Je vous posais la question, parce que je connais des gens pour qui une exposition prolongée aux beautés semble, éventuellement, les immuniser... Ils ne les voient tout simplement plus. »

Près de sa résidence, un beau gros chien, un Golden Retriever, nous accueillit en branlant la queue. Il posa deux pattes sur moi en guise de bienvenue. Je lui fis une accolade et des flatteries, ce qui sembla le satisfaire, puisqu'il alla s'étendre au soleil en poussant un léger soupir.

« Il se nomme Hasard.

– Quel nom inusité et sympathique ! Il en est sûrement un très beau dans votre vie.

– Absolument. Le hasard indique l'absence de relation de « cause à effet ». J'aime les hasards m'amenant de nombreuses surprises, dont ce gros toutou. J'en viens même à apprécier ceux prétendument mauvais.

– Prétendument "mauvais" ?

– Oui, parce que rien, mais rien, dans le moment présent, ne peut prouver que les hasards moins heureux, ne servaient pas notre bien, dans le temps. Nous le découvrons au fil de nos expériences, même si parfois, bien des années passent avant de réaliser qu'ils ont joué en notre faveur. Les hasards permettent de désapprendre le contrôle pour vivre l'ouverture et l'accueil de l'inattendu. Le hasard m'a conduit à ce chien, dans une animalerie, alors que j'allais m'acheter une chemise dans la boutique voisine.

– Ah ! La vie et ses innombrables surprises ! Je suis contente pour vous, Samuel. Ces bêtes sont tellement fidèles et affectueuses. »

La maison de bois sentait bon. Un jeu d'échecs trônait en plein centre d'une table, prêt à être approché par des concurrents chevronnés et passionnés. Je me démarquais très bien à ce passe-temps. Je tus cette information. Me confronter à ce maître incontesté – j'avais lu qu'il en était un dans son livre *Nuit étoilée en zone libre* – me ferait perdante bien avant la période normale écoulée pour une partie. Le match disputé serait peut-être même ennuyeux pour lui.

Samuel me conduisit à l'étage supérieur.

« Voici votre chambre. Prenez le temps de vous installer à votre guise. Le réseau internet est disponible. Vous pourrez communiquer à vos proches votre arrivée saine et sauve dans l'antre de l'ours.

– Dans l'antre lumineux et secret…

– Oui, j'abonde aussi en ce sens. »

Pourquoi son sourire me faisait-il tant d'effet ?

« Si vous avez besoin de quoi que ce soit, lâchez-moi un cri et je me pointerai en courant. Que diriez-vous de me retrouver au salon dans une demi-heure pour une pause-café ? Nous pourrions bavarder comme nous savons si bien le faire depuis ce matin. Ensuite, je vous amènerai prendre un petit-déjeuner substantiel.

– Avec plaisir et un grand merci pour tant de prévenances. »

Marisha, ça y est… tu es ici. ICIIIIIIIIIIIIIIIIIIIII, chez l'écrivain tant aimé.

Une larme roula. De fatigue, certes, d'émotion, surtout. Pour mon séjour sur cette île, ma chambre serait parfaite : douillette et confortable à souhait. Au centre de la pièce se trouvait un grand lit recouvert d'un édredon vert apaisant et garni de deux coussins brodés. Accroché au mur, un cadre représentait une toile de mon peintre animalier préféré, Robert Bateman. Quelle coïncidence ! L'œuvre intitulée *Church Owl* montrait un hibou traversant une porte cochère ancienne ouvrant sur une autre porte… Je reconnaissais là le mystère des passages dont Samuel Flores écrivait souvent l'importance dans ses livres. Sur les pierres de la première arche : des visages, un peu comme les masques de la *commedia dell'arte*, semblaient une invitation à *voir* les différents personnages que l'on peut endosser dans une même journée.

Sur la commode antique, en noyer, j'aperçus une feuille de papier déposée bien à vue. Croyant qu'il s'agissait de directives, comme dans un hôtel, je la pris et en fis la lecture. Je me trouvais plutôt devant un texte magnifique :

Pour écrire un seul vers, il faut avoir vu beaucoup de villes, d'hommes et de choses, il faut connaître les animaux, il faut sentir comment volent les oiseaux et savoir quel mouvement font les petites fleurs en s'ouvrant le matin. Il faut pouvoir repenser à des chemins dans des régions inconnues, à des rencontres inattendues, à des départs que l'on voyait longtemps approcher, à des jours d'enfance dont le mystère ne s'est pas encore éclairci, à ses parents qu'il fallait qu'on froissât lorsqu'ils vous apportaient une joie et qu'on ne la comprenait pas (c'était une joie faite pour un autre), à des maladies d'enfance qui commençaient si singulièrement, par tant de profondes et graves transformations, à des jours passés dans des chambres calmes et contenues, à des matins au bord de la mer, à la mer elle-même, à des mers, à des nuits de voyage qui frémissaient très haut et volaient avec toutes les étoiles – et il ne suffit même pas de savoir penser à tout cela. Il faut avoir des souvenirs de beaucoup de nuits d'amour, dont aucune ne ressemblait à l'autre, de cris de femmes hurlant en mal d'enfant, et de légères, de blanches, de dormantes accouchées qui se refermaient. Il faut encore avoir été auprès de mourants, être resté assis auprès de morts, dans la chambre, avec la fenêtre ouverte et les bruits qui venaient par à-coups. Et il ne suffit même pas d'avoir des souvenirs. Il faut savoir les oublier quand ils sont nombreux, et il faut avoir la grande patience d'attendre qu'ils reviennent. Car les souvenirs ne sont pas encore cela. Ce n'est que lorsqu'ils deviennent en nous sang, regard, geste, lorsqu'ils n'ont plus de nom et ne se distinguent plus de nous, ce n'est qu'alors qu'il peut arriver qu'en une heure très rare, du milieu d'eux, se lève le premier mot d'un vers.

C'était signé : Rainer Maria Rilke – « Pour écrire un seul vers » (1910)

Quelle belle attention de la part de Samuel ! Ce texte résumait fort bien notre conversation dans la crique. Les mots résonnaient en moi, me démontrant l'importance du quotidien et de chaque moment dans l'écriture.

Je respirai lentement et profondément, les yeux fermés. Ah ! Arriverai-je un jour à entrer dans cet espace intérieur, dans ce silence parfois bruissant d'idées et de confusion, pour laisser émerger ce que je vis et ce que je vois, et le transcrire ensuite, tel un fidèle miroir, en langage accessible ? Je voulais tant développer une plume fine et sensible, me réconcilier avec la nature de chacun des mots, les forger doucement pour qu'ils deviennent des compagnons de route.

Après une installation sommaire, je plaçai mon ordinateur portatif sur une petite table près d'une fenêtre donnant sur un décor enchanteur : l'océan se perdant jusqu'à l'horizon. Un dicton marin me vint en tête :

« Quand d'un calme de nuit, la mer gronde au rivage, les marins, au matin, peuvent cingler au large. » La mer devait avoir grondé, car au loin, je percevais la blancheur des voiles se gonfler à la faveur d'une légère brise. Décidément, ou bien la nature était très belle, ou bien je me trouvais dans un état d'extase constant, en raison de l'expérience unique vécue auprès de Samuel.

Dans ma boîte de réception *Gmail*, j'eus la surprise d'une soixantaine de messages.

Zut ! Dois-je répondre à tous ces gens ?

Je les passai au crible jusqu'à ce que l'un d'eux ressorte du lot.

ROY ! ! ! ! ! !

Sans hésiter et le cœur palpitant, je l'ouvris.

Chère Marisha,

Me voici enfin. Je peux imaginer ton inquiétude et sûrement celle de Doris, devant mon silence prolongé. Je lui envoie cette lettre en copie conforme. Là où je me trouvais, je ne pouvais vous écrire et ne le pourrai guère, après cette missive.

Nooooon…, pensai-je intérieurement. Je dois te parler, communiquer avec toi…

Pour m'excuser, je t'offre un petit résumé de mes dernières péripéties. J'ai voyagé dans les immenses terres appartenant au Panchen Lama : une lignée de réincarnations importantes dans l'histoire du Tibet, avant l'arrivée des Chinois, en 1959. C'est une région d'extrêmes : des conditions climatiques difficiles et un environnement ingrat. Il s'agit d'un des lieux les plus inaccessibles au monde. Le Changthang est un plateau où des montagnes s'élèvent jusqu'à 6 000 ou 7 000 mètres. J'y ai vu des nomades, des troupeaux de yacks, de moutons et de chevaux. À un certain moment, crois-le ou non, j'ai assisté au défilé d'une bande de renards roux. Je suis resté immobile comme le marbre. Exceptionnel ! On en dénombre près de 37 000 dans ces hautes terres. Je suis encore ému en te rapportant cet épisode. Il y a aussi des grues à cou noir, des antilopes, des gazelles et des kiangs : ces fameux ânes sauvages du Tibet.

Maintenant, je t'annonce que des blizzards, au Québec, ce sont des brises légères comparativement à ceux d'ici. Quand le vent souffle, on doit se réfugier dans la première anfractuosité rocheuse, en souhaitant que l'entrée ne soit pas éventuellement obstruée par des accumulations massives de neige. Soixante centimètres reçus la semaine dernière… Ça te donne une petite idée. J'y étais. Je t'assure, pendant des heures, le cœur bat plus vite qu'à la normale. Je gardais secrètement l'espoir que la déneigeuse passe dans le secteur – une blague, bien sûr. Dans ces moments-là, il est préférable de posséder quelques bas de laine, des raquettes et une bonne boussole, car les flocons, c'est blanc – tu le savais, je crois… Une vraie couche de crème fouettée qui recouvre tout, qui cache tout. J'ai bien dit TOUT. Du pareil au même, peu importe où le regard se pose. Actuellement, je t'écris de Katmandu, au Népal. Il y a deux semaines, en escaladant un pic, j'ai souffert du « mal des montagnes », soit un œdème pulmonaire lié au faible taux d'oxygène en haute altitude. Mes deux sympathiques sherpas m'ont amené en civière à la « Himalayan Rescue Association », où j'ai été très bien soigné.

Malgré une certaine crainte de mon médecin traitant, je repars dès demain à l'aventure, je ne sais trop où encore. Trek dans les massifs ? Visite dans un monastère ? Une excursion en Inde : le berceau du bouddhisme ? Mon flair me guidera sûrement au bon endroit. Peut-être, aussi, vais-je me louer une automobile et errer çà et là dans les montagnes népalaises.

NOOOOOOOOOOOOOOOOOON Roy, ne fais PAS ça !

Salutations à Doris, bisous et câlins à vous deux.

Roy

PS : Depuis quelques jours, je ne cesse de vivre un rêve récurrent des plus insolites. Quelque chose va se produire, mais quoi, bon sang ? Les images sont tellement floues. Je suis incapable d'en identifier une seule. Quand je me réveille, il ne me reste plus qu'une grande lourdeur dans le corps et l'impression étrange d'un malheur à venir. Bof ! Pour le moment, je respire profondément et je suis heureux. Comme dirait « ton » Nietzsche : « Tout se passe involontairement, comme dans une tempête de liberté, d'absolu, de force, de divinité. » Je me laisse porter par cette sensation de félicité et je file vers ma destinée. À bientôt.

Je demeurai pantoise devant cette lettre. Un sentiment d'urgence se logea en moi.

Quand Roy m'a-t-il envoyé ce courriel ? Peut-être ai-je une chance de le contacter, si je rapplique vite.

Je cliquai sur « répondre ». Pour ne pas perdre une seule minute, je lui écrivis ce qui ressemblait à un télégramme.

Roy,

Ne loue pas d'auto. Danger. Réponds-moi. Tout de suite. Je t'expliquerai. Dis-moi EXACTEMENT où tu voyageras. Pas de « peut-être ». Pas de suppositions. Dis-moi TOUT. Dans quelle auberge te trouveras-tu EXACTEMENT ? Quelle montagne comptes-tu grimper ? Quel pays visiteras-tu ? TOUT. Je vais aller te rejoindre dans six jours, à l'endroit précis que tu me désigneras. Ne prends aucun risque d'ici là. Écris-moi. Appelle-moi sur mon cellulaire. C'est urgent. Bye.

Marisha

Clic. Mon message venait de partir. J'attendis de longues minutes. Rien. J'augmentai le son de mon portable afin d'entendre le « bip » indiquant la rentrée d'un courriel, et je m'étendis sur le lit.

Rien.

Une douleur semblable à celle d'un coup de poignard traversa ma poitrine, me coupant le souffle. Les larmes aux yeux, je pris de profondes respirations. Je n'allais tout de même pas frôler la crise cardiaque à cause d'une inquiétude concernant une prescience non actualisée.

Le mal dura quelques secondes. Je me levai et revins m'asseoir devant l'ordinateur.

Dans ma première vision, Roy avait parlé de son habillement, le Kasâya. S'avérait-il vraiment une protection contre tout danger ou n'était-ce que pure conviction ? Après quelques recherches sur Internet, je trouvai le fameux *sûtra* indien évoqué par mon ami. Des frissons parcoururent mon corps. Il existait donc véritablement ! Le texte mentionnait, en substance :

Si un dragon se couvre d'un seul fil du Kasâya, il ne pourra plus servir de pâture au roi des Garuda. Si une personne porte le Kasâya en croisant l'océan, elle sera protégée des dragons marins et de tous les démons. Si une personne porte le Kasâya, elle ne sera pas effrayée même au milieu de l'orage grondant, de coups de tonnerre, de la foudre et des éclairs tombant sur la terre. Si le laïc au vêtement blanc vénère le Kasâya, aucun démon ne pourra l'approcher.

Si ma vision se concrétisait dans le réel, est-ce que le Kasâya saurait également protéger Roy du froid glacial, le préserver des fauves…?

———— ✎ ————

« *Nous sommes libres d'aller où bon*
nous semble et d'être ce que
nous sommes. »

Richard Bach,
Illusions ou Les aventures d'un Messie récalcitrant

———— ✎ ————

Chapitre 11

Je n'attendis pas davantage et descendis l'escalier menant au rez-de-chaussée. Le regard de Samuel me confirma qu'il avait perçu mon malaise. Il me posa sa question usuelle :

« Ça va ?

– Ça… va.

– Hum ! Votre "ça va" ne me semble pas très éloquent. Je suis prêt à vous écouter si vous voulez me parler de ce qui vous tourmente. S'il s'agit d'une souris, dites-le-moi tout de suite. Je vais l'aimer assez pour la mettre dans un pot de vitre et la libérer dans un champ voisin…

– Ah ! Vous et votre légendaire délicatesse ! Non. Aucune souris ne se promène sur le plancher de la chambre, du moins, pas à ma connaissance… »

Incapable de lui partager ma vision et le contenu du courriel de Roy, je baissai les yeux, consciente de son regard rivé sur moi. Évitant ce qui me préoccupait, je lui posai la question effleurée quelques heures plus tôt.

« Est-ce que le bonheur existe sur notre planète, Samuel ?

– Pourquoi cette interrogation ?

– Lorsque j'ai le sentiment d'y toucher, il s'évanouit au profit de malheurs. Dieu qu'ils sont nombreux ceux-là ! Ils apparaissent aussi vite que des boutons sur le visage d'une personne, le jour d'un grand événement. Y a-t-il une réponse à tous les drames de ma vie ? Une porte de sortie ? Je veux bien aller au fond de mon être, mais… j'ai peur dans le noir.

- Vous pouvez l'apprivoiser, ce noir, Marisha, tout comme la couleur rouge. En dehors de la valeur négative que vous lui attribuez, l'obscurité a aussi de belles fonctions. Nous connaissons tous cette parabole du grain enfoui en terre, donc dans le noir. La graine consent, d'une certaine manière, à perdre une partie importante de sa structure : son enveloppe, sa carcasse, sa peau. Dès ce moment, elle s'enracine profondément pendant qu'une tige se fraie, à son rythme, un passage vers la lumière. Cette première métamorphose demeure primordiale pour son développement, sinon, elle restera simplement une graine sèche.

- À moins qu'elle meure parce qu'incapable de devenir ce pour quoi elle est née…

- Toutes les possibilités sont là, Marisha. Il en est de même pour les êtres humains. Notre potentiel de croissance est inouï. En osant scruter nos noirceurs, pour voir les lieux où l'on a déposé nos vidanges, en nous libérant des toxines qui empoisonnent notre existence, en acceptant de ne plus éclater en plaintes à chaque contrariété, en sortant de nos schèmes familiers destructeurs, en ne déformant plus la réalité, et que sais-je encore, nous aussi, pareils à la graine, retirerons petit à petit cette peau, souvent de chagrin, de misère et d'ego qui recouvre notre existence. Notre croissance est habituellement égale à nos efforts soutenus.

- Il y a tout de même les tempêtes imprévisibles de la vie…

- Impossible d'évoluer sans elles ! Comme la graine qui a germé : nous sommes exposés aux intempéries, mais aussi aux caresses du vent, à la pluie rafraîchissante et aux rayons chaleureux du soleil. Bien sûr, si un être a été traumatisé, il a de fortes chances de pencher davantage vers le sol quand le vent se lèvera et secouera sa fragilité. Si on lui offre un tuteur de résilience et de bons soins, il pourra sûrement se reconstruire graduellement. Chacun est unique. Ses façons de composer avec les événements s'expliquent à la lumière du contexte familial dans lequel il a évolué, de son vécu, de ses bouleversements relationnels... C'est ça, la vie. Une adaptation continue à nous-mêmes, aux autres, à notre milieu, à notre environnement…»

Soudain, Samuel et moi passâmes du « vouvoiement » au « tutoiement », comme on passe d'une allée à l'autre : simplement, spontanément, sans donner place aux sempiternels « pourquoi » peuplant la raison.

« Samuel.

– Oui, Marisha.

– Je suis prête à te parler de ce que je vis de déstabilisant en ce moment : une expérience peu banale pour le commun des mortels.

– Ton expérience "peu banale pour le commun des mortels" ne m'inspire aucune inquiétude. Comme tu le sais, j'ai l'habitude de naviguer assez aisément dans les mondes parallèles et multipolaires. Je ne suis pas étranger, non plus, aux particules, aux nanoparticules, aux antiparticules, aux molécules, aux corpuscules…

– Aux crépuscules et aux… calculs ?

– Aux calculs ?

– Oui, aux reins.

– Ça, c'est douloureux !

– À qui le dis-tu ?

– Allez, Marisha, je t'écoute. »

En entendant ces mots, la peur me prit et je fis une diversion.

« Samuel, elle est très belle cette toile du grand peintre William Turner accrochée à ton mur ! Le *Vaisseau sur l'océan*, n'est-ce pas ?

– Marisha.

– Oui ?

– Qu'est-ce qui te ronge présentement ?

– Euh… bien… voilà…, j'ai eu une vision. Plusieurs. Plutôt, la même, dans une sorte de continuité. Oui. Une vision. J'appellerais ça ainsi, même si contrairement à d'autres, j'ai l'impression d'assister au déroulement d'un film présenté par bribes.

– Veux-tu me partager son contenu? Peut-être qu'ensemble, nous pourrons éclaircir ce qui te tracasse à son sujet. Tu sais, Marisha, en parler est la meilleure façon de la comprendre.

– D'accord. Je peux donc te livrer mon secret?

– En toute confiance. »

Je poussai un long soupir, implorant silencieusement le ciel de m'assister dans ma révélation. Étant habitué aux phénomènes mystérieux, Samuel ne jugerait peut-être pas ma capacité extrasensorielle – s'il s'agissait bel et bien d'une telle aptitude. Il ne lui opposerait pas ses doutes, ses suspicions et ses incrédulités, comme le ferait possiblement des professionnels de la santé qui conclueraient à de la construction psychique et de la maladie mentale…

Sans rien lui cacher, pendant une demi-heure, je lui racontai mon expérience, mes réactions et mes sentiments, gardant mon regard rivé au sol, par peur d'apercevoir sur son visage un rejet de ma personne.

Enfin, je me tus.

Je levai les yeux. Samuel m'observait, attentif, sérieux. Il ne disait mot. Devant son silence, mon âme se tourna imperceptiblement vers mes fonds nébuleux. Si cet homme n'acceptait pas mes assertions, personne ne le pourrait à sa suite. Je serais laissée à moi-même.

Dehors, le vent d'ouest prenait de l'ampleur, s'enfonçant dans la forêt comme une rumeur. Au bout d'un moment, j'ajoutai:

« Je n'y peux rien, Samuel. Cet événement s'impose à moi. Je ne l'invente pas. Il est là. Il domine ma vie et surtout, il me prend toujours par surprise. Cette histoire semble carrément en attente d'un déploiement.

– Marisha, je sais que ce phénomène est très difficile à appréhender avec le mental. À ce stade-ci, je pense que des éclaircissements s'imposent sur les visions.

– C'est-à-dire ?

– Pour mieux les saisir, il faut clarifier ton esprit, changer ton angle de perception, entrer en toi-même, atteindre un nouvel état d'esprit, décrocher de certaines croyances...

– Pour en endosser d'autres ?

– Ne vit-on pas à outrance sous le règne de nos croyances, Marisha ?

– Laisse-moi y réfléchir, je te reviendrai là-dessus. »

Éclats de rire.

« Ce que je vais te dire, très chère, est important. Cela sous-tend tout ce qui suivra. Si tu acceptes ma prémisse, nous pourrons poursuivre sur ce sujet.

– Sinon ?

– Sinon, nous parlerons d'avions.

– Les deux m'intéressent...

– Alors, nous aborderons les deux...

– Je t'écoute, Samuel.

– Une vision, une vraie n'existe qu'en dehors de la chronologie du temps. Elle émerge d'un lieu sans secondes, sans minutes, sans heures... Elle se déroule autant dans le passé, le présent, le futur que dans des vies parallèles. Juste avant sa mort – dans une correspondance avec son ami intime Bosso – Albert Einstein mentionnait : "Pour nous, physiciens dans l'âme, la séparation entre passé, présent et futur ne garde que la valeur d'une illusion, si tenace soit-elle."

– On revient aux illusions...

- Oui. Elles sont l'apanage de notre existence. Je dirais même une forme de dépannage…

- Aussi, un lainage pour nous envelopper dans le confort de l'irréel?

- Toujours le sens de l'humour, Marisha…

- Oui. Tout à fait, Samuel. D'ailleurs, quand à parler d'irréalité les visions, sont-elles illusoires, fictives?

- Elles ne sont pas illusoires ni irréelles, mais d'une autre dimension. Elles évoluent dans un lieu où tout est interchangeable: futur-présent-passé, présent-passé-futur, passé-futur-présent… Cependant, elles se "voient", et elles se "lisent" dans notre présent actuel.

- Notre présent actuel?

- Il y a le présent-futur. Le présent-passé. Le présent actuel ou si tu préfères, le présent-présent. Saisir que la vie évolue bien ailleurs que dans notre conception du temps demeure un pas gigantesque pour la conscience humaine. Tu me suis?

- Mon esprit cartésien tique un peu.

- Tant qu'il n'est pas fermé, tout va bien.

- En ce moment, si on ne nage pas dans l'irréel, je ne sais pas dans quelle eau on navigue! À quoi cela me sert-il de connaître un événement d'avance?

- À t'aider toi-même et les autres.

- *Twilight zone.*

- Zone de travail, surtout. Ce qui se dévoile par cette forme, c'est avant tout une histoire. Une histoire qui ne demande qu'à être. Tu as une vision, Marisha, une vraie de vraie? D'accord. Que vient-elle te dire? Elle te transmet sûrement un message, sinon elle n'envahirait pas ton champ de perception. Maintenant, allons un peu plus loin dans notre réflexion: s'il ne s'agissait que d'une représentation mentale aux allures de vision? Qu'une peur transformée en rumination anticipatoire pour éviter les souffrances cachées derrière ces images-écrans? Quelle serait alors sa raison d'être?

– Je ne sais trop. Peut-être un miroir reflétant mes peurs et mes terreurs non résolues ? Une mise au monde de personnages pour éloigner ce qui, de la souffrance, me mettrait en péril ? Un désir enfoui qui ne sait trop comment prendre corps ? Un genre d'échafaudage pour régler un conflit dont j'ignore consciemment la présence ? En veux-tu davantage ?

– Bravo ! Tu es capable de mettre en mots des hypothèses. Tu les as immédiatement repérées, ce qui signifie qu'elles sont importantes pour toi. Sinon tu aurais élaboré autre chose. Ne perds pas de vue ces prémisses.

– Et s'il s'agissait d'une vision tout court, de l'annonce d'un événement prochain, point à la ligne ?

– Je ne mets aucunement cela en doute. Toutes les potentialités sont inscrites dans le domaine de l'éventuel.

– Si ma vision ne se concrétise pas dans la réalité, finalement, comment alors puis-je la comprendre ?

– D'abord, c'est qu'il ne s'agissait pas d'une vision. Cette construction psychique, tu peux l'analyser de la même manière qu'un rêve. Qui en sont les personnages ? Que font-ils ? Quelle est la trame de fond de cette soi-disant vision ? Est-ce un film en couleur ou en noir et blanc ? Quels sont les sentiments et les émotions qui émergent dans ce scénario ? Etc. En retrouvant la mémoire des blessures t'ayant conduite à cette élaboration, vient en même temps la possibilité de réparer et de mettre fin aux impasses ayant un impact sur ta vie présente.

– Peu importe mes croyances ?

– Peu importe tes croyances, tes peurs, tes imaginations. Cette nuit, tu comprendras un peu mieux. L'expérience est parfois préférable à la théorie, même si celle-ci est tout de même importante. »

Samuel ramenait, d'une façon différente, son propos évoqué à Montréal, des semaines plus tôt : « ... en tentant des explications trop rationnelles, il y a un risque de s'éloigner de l'expérience. Un enseignement de l'intérieur, c'est direct, sans interférences... »

« Dis donc, es-tu voyant pour prophétiser sur ma prochaine nuit ?

– J'expérimente moi-même des visions…

– Des visions de l'avenir ou du passé ?

– Hum ! Laisse-moi réfléchir, moi aussi…

– Dis-moi, Samuel – ça me chicote –, qui peut avoir des visions ? Seulement les êtres ayant atteint une sensibilité extrasensorielle ?

– Ils ont certainement une longueur d'avance sur les autres. Par contre, le monde des visions appartient à tout le monde, même si certaines personnes, pour de multiples raisons, ne développeront jamais cette aptitude. Pour celles dont la sensibilité est accentuée, elles percevront, sentiront et verront davantage que les autres. Les rêves, les songes et les visions sont des véhicules importants d'informations et de messages, puisqu'ils voyagent entre ces "là-bas" et ces "ici". Ne les rejette pas du revers de la main. »

Samuel me posa une question inattendue :

« Qu'as-tu vu, au restaurant végétarien de la rue Saint-Denis, avant de te blesser à la tête et de sombrer dans le noir ? »

Je le regardai, songeuse.

« Je me suis vue en train de dégringoler d'une montagne. Puis, par je ne sais trop quel repliement du temps, j'ai carrément eu l'impression d'être dans ce lieu, étendue au sol. J'agonisais… Du sang s'écoulait de moi… Il tachait la neige qui devenait rouge.

– Rouge ?

– Oui… euh… rouge.

– D'accord. »

Encore cette couleur ! Je me mordis la lèvre pour ne pas m'abandonner à un déversement soudain de larmes devant lui.

« Tu as le droit de vivre ce qui est là, Marisha. »

Je me retins davantage, malgré son ton réconfortant, chaleureux et paternaliste. S'agissait-il d'un faux orgueil de ma part ? La peur d'ouvrir la porte à une soudaine inondation ?

Je pris une profonde inspiration, incapable de lui poser la question brûlant mes lèvres : « Et toi, qu'as-tu vu avant moi ? »

Cette nuit-là, je dormis comme une « caféinomane » : deux heures. J'attendais un événement, un je ne sais trop quoi qui sortirait de l'ordinaire. Samuel n'avait-il pas souligné : « Cette nuit, tu comprendras un peu mieux… » ? Après avoir enflammé mon imagination de fantaisies et de scénarios de toutes sortes, rien ne se produisit, ni avant, ni pendant, ni après mon peu de sommeil. Au petit matin, je me sentis amèrement déçue.

Quand je vis Samuel par la fenêtre, il marchait doucement sur la pelouse, à côté de son immense balcon, tel un promeneur de l'aube intériorisé. Autour de lui, l'air humide donnait aux herbes folles une couleur émeraude. Je sortis le rejoindre

« Samuel, tu t'es trompé de nuit ou quoi ? Il y a eu une grève d'événements ? Un conflit dans leur attribution ? »

Son calme imperturbable m'impressionna beaucoup. Il se tourna vers moi, un léger sourire en coin.

« As-tu entendu le silence cette nuit ?

– Le silence ? Non.

– Qu'est-ce qui le remplissait ?

– Euh…

– Cherche un peu…

– Mon imagination, quelques peurs …? »

Le silence s'intensifia comme la pression dans l'air.

« Il y a fort à parier qu'ils contribuaient à tes heures d'insomnie… Très souvent, nous répétons, de manière sporadique ou permanente, la première seconde où notre peur a renié l'amour. Cette seconde se fond dans la minute, la minute dans l'heure, l'heure dans le jour, le jour dans la nuit, la nuit dans la semaine, la semaine dans le mois… Les années passent sur l'amour telle une ombre fugitive, sans que nous ne puissions embrasser pleinement sa lumière, sa chaleur, sa beauté : le voile épais de la peur obscurcissant notre vision. Dans cette noirceur, confondre vérité et perception, réalité et fiction, vision et affabulation s'avère des plus probables.

> – Es-tu en train de me dire que mes peurs inconscientes ont élaboré ma vision de Roy dans l'Himalaya ? Qu'elle s'avère le fruit de mon imagination ?

> – Pas du tout, Marisha. Elle est probablement tout ce qu'il y a de plus réelle, mais il s'agit de savoir à quel niveau…

> – Oh ! »

Par son attitude pacifique, cet homme aurait pu convaincre n'importe quel bandit armé jusqu'aux dents de lâcher les armes. Une flamme brillait dans ses yeux. Une onde de compassion émanait de lui vers moi et sans doute vers tous ceux et celles qu'il croisait sur sa route.

Une voix impérative, en moi, me soufflait d'ouvrir les lourds battants du sanctuaire où mes peurs se terraient et de scruter, sans friser l'obsession, leur fond, leur teneur et leur mystère.

Y arriverai-je ?

———✢———

« *Brisez vos limites, faites sauter les barrières de vos contraintes, mobilisez votre volonté, exigez la liberté comme un droit, soyez ce que vous voulez être. Découvrez ce que vous aimeriez faire et faites tout votre possible pour y parvenir.* »

Richard Bach,
Jonathan Livingston le goéland

———✢———

Chapitre 12

*L*es quatre journées suivantes, nous les avons passées ensemble à marcher dans le bois, à paresser sur le radeau flottant sur un lac de son domaine, à parler d'écriture, d'aéronautique, de bateaux, de physique quantique, de spiritualité, de nos perceptions, de nos aperceptions, de nos visions...

Aux heures de repas, nous nous nourrissions de poissons – comme Robinson Crusoé, finalement... –, de légumes, de fruits et de ce fromage qu'il affectionnait particulièrement: le Saint-Paul.

Samuel souriait souvent. Non dépourvu de sensibilité, il démontrait, par ses réactions, à quel point certains sujets le touchaient: les rejets, les déloyautés, l'indifférence, l'égoïsme... Il mentionnait que les remords, telles de petites consciences, voyageaient à leurs côtés, prêts à être éprouvés à la moindre ouverture du cœur. Au fil de nos conversations, il soulignait l'importance du travail sur soi, de l'acceptation, de la réconciliation et du pardon.

Un soir, assis sous l'aile de son Piper Cub, alors que les étoiles rivalisaient de brillance dans l'ébène du ciel, nous avons poursuivi l'exploration de thèmes abordés antérieurement.

« Notre existence n'est qu'une histoire, Marisha. Une grande histoire de vie, de renaissance et de mort vécue dans un perpétuel recommencement, même au cœur de notre quotidien. Un exercice intéressant consiste à l'*écrire*. En la pensant, en l'évoquant, en la couchant sur le papier, en lui donnant une forme métaphorique ou non, en élaborant des images narratives, en construisant autour d'elle un mythe, une légende, un conte, une chanson, on la situe à l'extérieur de nous, on l'expose devant nous...

— Nous pouvons alors la voir...

— Oui, et plus encore. Notre histoire, que l'on prend la peine de rédiger à l'encre de nos souvenirs, reconstruite, réécrite, réélaborée par notre perception d'aujourd'hui, s'avère alors une source incroyable de révélations et d'apprentissages. Elle nous permet de mieux déchiffrer nos comportements, nos habiletés, nos forces et les différents personnages habitant notre être et notre quotidien. Elle n'a pas à être livrée dans les moindres détails ni dans l'ordre ni avec les personnages peuplant notre vie "réelle"... Elle n'a qu'à être amenée à travers notre originalité.

— Pour ma part, j'ai l'impression d'être peu douée et en plus, ne pas avoir grand-chose à écrire...

— Permets-moi de penser le contraire, Marisha. Nous avons tous quelque chose à dire, à redire, à écrire, à réécrire. Les aspects, beaux et moins beaux de ta vie sont importants, parce qu'ils ont construit l'être que tu es devenu. Certes, les "étrangers" en toi ont souvent influencé tes actes. Tes erreurs et tes trébuchements n'ont pas toujours trouvé les voies de l'acceptation, de l'épuration, de l'apaisement. Ce dont je suis convaincu, par contre, c'est que la vie a façonné en toi les embryons de tes plus grandes œuvres. Ils sont là, en attente, pour ton émerveillement, et peut-être pour ta guérison... Qui sait ? Par ailleurs, tu es plus "douée" que tu ne le crois... Peut-être as-tu simplement peur...

— Je ne veux pas m'exposer...

— Tu n'as pas à dévoiler à ciel ouvert des pans de ta vie. Les personnages d'un texte ont cette merveilleuse prétention de faciliter la tâche de l'écriture sans que l'auteur n'ait à se mettre à nu.

— Mais alors, question fondamentale : "comment écrire ?", car je m'égare parfois, çà et là.

— Pourquoi, justement, ne pas te laisser t'égarer ? *Écris avec ton cœur.* Laisse glisser ta plume sur le papier, sans contrainte. Permets aux mots d'émerger de lieux connus et inconnus en toi, de tes souvenirs fragmentés, de tes rêves diurnes et nocturnes, des fracas de ta vie, de tes silences, de tes découvertes, de tes joies, de tes amours… Livre le message que tu portes dans la plus formidable fantasmagorie ou dans un réalisme des plus terre à terre. Parle de failles, de forces, d'amour, de liberté… Laisse-toi prendre par les mots, par tes personnages, par tes créations. Laisse-les venir à toi. Écris-les dans le silence ou l'agitation; peu importe l'environnement interne ou externe durant ta rédaction. S'ils émergent de ton cœur, ils sauront bien s'inscrire dans celui de l'autre.

– Cela me touche beaucoup et surtout, ça me rejoint. »

Je pointai mon cœur.

« Ta sensibilité t'amènera loin, Marisha…

– Je l'espère bien. Est-ce qu'il y a autre chose à savoir, Samuel, pour mon développement personnel ? »

Il attrapa la première brindille au sol, la passa délicatement sur ses lèvres avant de me décocher un magnifique sourire.

« Je te dirais "oui", car la vie est hyper complexe. Je te dirais aussi "non", car la vie est hyper simple.

– Ça alors! Toi aussi tu es passé maître dans les propos énigmatiques et les valses-hésitations!

– Dans mon cas, mieux vaut les valses-hésitations de l'esprit qui permettent d'approfondir ma pensée, que la valse tout court, pour laquelle j'avoue me prendre trop souvent les pieds dans le tapis. Sache que tout existe dans le moment présent – ce présent dont nous convenons de sa réalité, bien sûr. Dans ce petit battement de vie qu'est la nôtre, tout peut servir à notre évolution. Nous n'avons pas à prendre conscience de chacune de nos illusions ou de nos entraves à la vérité pour retrouver le chemin du cœur.

– Il s'agit simplement d'être?

– Simplement. Je ne le sais pas, surtout quand la vie nous bouscule… Par contre, choisir d'avancer, de s'engager, de ne pas rester dans l'ombre de nos peurs, d'apprendre à être, plutôt que d'avoir, voilà un beau mandat personnel. Pour certaines personnes, la délivrance peut s'avérer une rive lointaine, mais les voies du cœur mènent au même endroit, peu importe la vitesse ou les achoppements en chemin. Le plus difficile c'est de se détacher de nos illusions, de nos pensées triviales, de ce qui bouillonne à la surface de notre esprit et dans nos profondeurs souterraines. Peu importe ton origine, ton enfance, ton milieu familial, tes expériences de vie, tes fragilités, tes pertes, tes malheurs…, bref, peu importe qui tu es et ce que tu as vécu, en toi réside un espace où rien n'est troublé et où se nichent le silence et la paix profonde.

– Combien de temps faut-il pour changer, pour grandir, pour évoluer ?

– Combien de temps dure une seconde ? Combien de temps dure une minute ? Combien de temps dure une heure ? Combien de temps dure un an ? Combien de temps dure une éternité ?

– Si je comprends bien, on ne doit pas se préoccuper du temps. Ce qui compte, c'est d'aller de l'avant, de progresser…

– Voilà ! Accepter de reculer parfois pour prendre un nouveau départ, et même de stagner à l'occasion. Si tu choisis de *compter les années* nécessaires à soigner tes blessures, à opposer la vérité au mensonge, à cesser de donner ton accord à la peur…, tu risques de te leurrer. Ton mental peut te laisser croire qu'il en faudra treize ans, alors que trois suffiraient. L'inverse est également possible. Tu estimes qu'il en faudra trois ans alors que, dans la réalité, treize seront nécessaires. Soutenir nos illusions et nos confusions a monopolisé notre vie, jusqu'à présent. Les libérer de l'emprise de nos peurs demande également du temps. Ce temps n'a pas à être quantifié. Il est différent pour chacun. À part quelques grands maîtres, peu ont réussi l'exploit de s'affranchir en un rien de temps.

– Est-ce que revenir à la source est aussi essentiel ?

– Tout à fait ! Et même, revenir à plus fondamental encore.

– C'est-à-dire?

– Conscientiser le monde moléculaire.

– Le monde moléculaire! C'est creux, ça! À quoi cela me servira-t-il?

– À faciliter ta compréhension d'autres mondes, de l'univers, de la création, de la vie sur terre, de ce qui t'environne au quotidien, de ce que tu es, de tes visions…

– Alors, ça m'intéresse au plus haut point.

– Comme tu le sais, la molécule d'ADN est la base de la vie. Grâce à elle, l'existence a commencé sur terre, il y a 3,8 milliards d'années – de nouvelles données avanceraient plutôt 2,5 milliards, mais bon… La vie s'est ensuite propagée partout. La nanoscience n'a pas fini de nous étonner et de nous livrer ses secrets bien enfouis au cœur de la vie, d'ici ou d'ailleurs. Les découvertes sont parfois étonnantes. Pendant longtemps, on a cru que les invertébrés, tu sais, les mollusques, les insectes…

– Les "sans colonne vertébrale", tu veux dire…

– Exact, Marisha. Longtemps, on a cru que ces petites créatures n'avaient pas de vie intérieure, qu'elles n'éprouvaient aucune douleur, encore moins d'émotions. Grâce à l'apport de recherches américaines et françaises[5], on apprend, au contraire, qu'elles sont dotées de capacités cognitives surprenantes. Elles souffrent, elles angoissent, elles ont des émotions et elles seraient capables, à partir de mémoires, de se bâtir une histoire personnelle. On parle même de conscience. Les abeilles, par exemple, auraient des aptitudes à manier des concepts abstraits. Quelle découverte! Nous avons beaucoup à apprendre du règne animal si nous nous penchons sur leur existence, non pas en être violent et conquérant mais sensible et…

– Humain?

– J'hésite à dire le mot.

---

5. Vincent Nouyrigat, « À quoi pensent les invertébrés », Science et Vie, janvier 2013, p. 75-83.

– Je comprends.

– Dis-moi, quand on écrase une fourmi qui envahit notre maison, on tue une… conscience?

– Exactement.

– Comment négocier, alors, avec ces bestioles envahissantes, au printemps et l'été durant? Je ne peux pas mettre des flèches sur le plancher pour leur montrer où se trouve la porte de sortie… il y a des degrés dans la conscience, non?

– L'idée n'est pas de tomber dans un anthropomorphisme exagéré, de leur accorder des réactions humaines à outrance. S'il n'y a pas d'autres options que de les éliminer, procédons au moins avec sensibilité. Choisissons des produits naturels qui ne les feront pas souffrir impunément.

– Je suis d'accord avec cette nuance, Samuel. »

Un petit vent se levait et penchait les herbes sauvages. Dans le ciel, le ronronnement d'un moteur me fit sourire.

« Oh! as-tu vu, Marisha?

– Oui. »

Ses yeux brillaient d'un éclat mystérieux. Je frémis.

« C'était un lapin, n'est-ce pas? lança-t-il.

– Bien sûr, parce qu'une machine à laver, ça ne court pas les prairies! »

Il plissa les yeux et se mit à rire. Je me joignis à cette magnifique cascade.

« Ce que tu peux avoir de la répartie, toi!

– Il ne s'agit là que de l'ombre de mon talent…

– Je n'en doute pas du tout, Marisha. Maintenant, revenons à nos mout… à notre lapin. Si, à cet instant précis, ton regard s'était perdu dans les étoiles, tu ne l'aurais pas vu.

– Élémentaire, mon cher Watson! »

– Si tu ne l'avais pas aperçu, cela ne l'aurait nullement empêché de passer en trombe devant nous, n'est-ce pas ?

– Tout à fait. Par contre, aurais-je su que celui-là existe ?

– À cette question importante : "Le monde existe-t-il encore quand je meurs ?", un vieux koan zen mentionne que les survivants disent oui, alors qu'en réalité, tout a disparu. Le "moi" et tout ce qui est "non-moi" se sont dissipés. Psychologiquement, le monde n'existe pas sans que j'en sois conscient. Là où je veux en venir, c'est que tout existe en ce moment, mais n'est détectable que parce que je suis là. Si tu n'es pas là, le lapin passe-t-il quand même devant nous ? Tout est question de conscience ; ce qui suppose nécessairement une "présence". Une vision fonctionne un peu selon le même principe.

– C'est-à-dire ?

– Pour "voir", les deux ingrédients sont aussi la perception et la présence. Tu ne peux voir ce qui "est" sans faire preuve de sensibilité, de perception et de présence exceptionnelles. Par contre, ce que tu ne vois pas – comme l'ADN, le moléculaire…, ou ce sur quoi tu ne portes pas ton attention – existe, avec ou sans toi. Avec ou sans ta conscience. Accepte ta sensibilité, Marisha. Développe-la, car elle est ta plus grande force intérieure. Abandonne-toi aux visions que la vie t'amène, même dans l'incertitude de leur réalité. Découvre le langage des forces quantiques ainsi que les mondes parallèles qui obéissent à d'autres lois et à un environnement visuel différent. Laisse tomber certains dogmes établis sur les perceptions ; de toute façon, ils sont appelés à changer, à évoluer, peut-être même à tomber. Et surtout, continue ta quête.

– Ma quête ?

– Oui, car ce qui nous manque, selon un autre koan, nous devons le chercher dans ce que nous avons. Une quête, c'est partir à l'affût de ce qui est déjà en nous. Trop souvent, notre passé nous sert d'alliance "contre" le présent et nous empêche de vivre ce qui "est". Pour ne pas alimenter les faussetés, il faut les déraciner et nous rapprocher de notre vérité. Toi, Marisha, ta sensibilité te conduira vers d'autres visions, d'autres songes, d'autres présages. Ils seront là, tout simplement. Nous seuls décidons de nous en servir comme moyens pour parfaire notre vie et aider d'autres personnes à avancer dans la leur, pourvu qu'elles répondent à l'invitation, bien sûr.

– Comment réalise-t-on une quête de vision ?

– D'abord, une différence existe entre des visions et une quête de vision. Des visions sont des perceptions extrasensorielles, tandis qu'une quête de vision représente une plongée en soi, une expérience d'éveil à la vie et au sacré, loin des apparences. La quête de vision vise la récupération de notre pouvoir personnel, l'acquisition de nouvelles connaissances, le déconditionnement de nos ancrages négatifs pour nous ouvrir à une dimension spirituelle. Elle nous apprend à rayonner de l'intérieur sans les artifices qui risquent de nous distraire ou de nous éloigner de notre chemin. Dans cette quête, des visions surviennent tout de même, car elles permettent d'aller au-delà de la fumée de notre ego pour mieux saisir la splendeur de notre être divin. »

Je buvais ses paroles comme une âme assoiffée, insatiable de vérités. Pour le moment, j'adhérais aux siennes sans le moindre sursaut de rébellion. Assez étrange pour quelqu'un ayant beaucoup de difficultés à gober les nouveautés, sans les prémisses d'une exploration et d'une approbation hautement scientifiques.

Nous échangions ainsi des heures et des heures. Puis, vint ce fameux soir…, le cinquième.

Accoudé à la table de sa cuisine, il m'écoutait attentivement parler d'un sujet aussi banal que la neige et les hivers québécois. Soudain, il se redressa, me regarda droit dans les yeux et me lança, comme en transe :

« Allez, Marisha ! Si tu le veux bien, suis-moi ! Le moment est venu de passer à une nouvelle étape. »

« Le signe de ton ignorance,
c'est la profondeur de ta croyance en
l'injustice et en la tragédie. Ce que
la chenille appelle la fin du monde,
le Maître l'appelle un papillon. »

Richard Bach,
Illusions ou Les aventures d'un Messie récalcitrant

Chapitre 13

*J*e regardais Samuel, ahurie.

« Une autre étape ? Que veux-tu dire ?

– Nous allons effectuer un long vol de nuit.

– Où veux-tu aller ?

– À Katmandu. »

Je m'étouffai avec ma salive.

« À KATMANDU ! Pour… Pour quelle raison ?

– Pour que tu renaisses à la vie. »

Stupéfaite, je l'observai.

Pourtant, il n'est pas malade. Il parle clairement. Il paraît normal. Quelle est cette lumière soudaine autour de lui ? Ah ! Voilà ! Je rêve.

En écho à ma réflexion, Samuel mentionna :

« Tu ne rêves pas, Marisha. »

Je repris, inquiète :

« Comment fais-tu, Samuel, pour deviner ce que je pense ?

– L'habitude, répondit-il mystérieusement. Ne t'inquiète pas. Si tu acceptes ma proposition, nous partirons dans vingt minutes. Là-bas, je t'achèterai des vêtements convenables, car tu n'as certainement pas prévu, dans tes bagages, le nécessaire pour une excursion en région froide et montagneuse…

– Non…, pas vraiment.

– Je te sens perplexe et inquiète, mais à toi de décider si tu restes ou bien si tu acceptes cette aventure au-delà de tes peurs. Cette dernière exige un acte de foi. Advenant une réponse négative, elle n'affectera nullement notre amitié, sois-en assurée. »

Sans prendre la peine d'y penser, je refusai en quelques mots son invitation.

« Puisque tu me donnes le choix, je préfère rester ici.

– D'accord, Marisha. Je respecte ta décision. »

Le halo de lumière disparut autour de lui.

« Si tu me le permets, je vais me retirer pour la nuit. Je suis très fatiguée. Tu n'as pas idée !

– O.K., Marisha.

– À demain.

– À plus tard… »

Pourquoi avait-il répondu «à plus tard» ? En me dirigeant vers l'escalier, je sentis ses yeux posés sur moi.

Mon Dieu ! Qu'est-ce qui se passe avec Samuel ?

Dans ma chambre, je regardai par la baie vitrée. Au loin, l'éclat argenté de la lune se mirait sur l'eau du Pacifique. Je m'assis sur le lit. L'écho de ma peur se répercuta dans ma jambe gauche, qui s'agita nerveusement. La sueur perlait sur mon front. Pourquoi n'avais-je pas consenti à ce voyage impromptu offert par Samuel ? Voulait-il vraiment m'amener vers de plus grandes compréhensions ou était-ce de la pure folie de sa part ? Est-ce que je fuyais encore, renonçant peut-être à une expérience déterminante pour me libérer de mes craintes ? Le regretterai-je pendant des mois et des mois, voire des années ?

Je chassai ces pensées de mon esprit. Ma gorge se serra de plus en plus.

N'était-ce pas mon soutien à la peur qui la maintenait si présente en moi ? Qu'arriverait-il si je mettais de côté mes sentiments saboteurs pour ouvrir les portes de ma prison intérieure ?

Dans son livre *Nuit étoilée en zone libre*, Samuel disait : « Nous attaquons notre propre vie, nous attaquons l'autre et nous attaquons même l'amour quand nous ne reconnaissons pas qui nous sommes vraiment, quand nous oublions le choix qui nous est sans cesse offert. »

Mue par un réflexe intérieur, je me levai d'un bond pour aller rejoindre Samuel. Je voulais absolument dénouer le conflit que son offre avait soulevé en moi.

J'eus beau l'appeler, seul son chien Hasard vint à ma rencontre quémander des caresses. Je les lui prodiguai avec amour. En retour, il me gratifia de léchées, puis s'enfonça doucement dans le sommeil après quelques bâillements sonores.

Où est Samuel ? Est-il parti marcher dans le bois ? A-t-il décidé d'effectuer un court vol de nuit pour cacher ou taire sa déception ?

Je saisis la poignée de la porte pour sortir, mais je fus incapable de la tourner. Un calme profond, inhabituel m'habita soudainement. Une image, une deuxième, une troisième… apparurent dans mon esprit. Ma vision se poursuivait…

Des flocons furieux ne cessaient de tomber en rafale. Le froid m'engour-dissait de plus en plus. Sans un équipement d'escalade, même des plus sommaires, je serais inapte à escalader le mur de neige et de glace s'élevant devant moi.

Quel était ce coup du sort qui s'ingéniait à mettre des obstacles sur ma route ? La seule solution : contourner la montagne puisqu'il n'était pas question de revenir sur mes pas. Je frémis à l'idée de ce qui attendait mon ami Roy si je tergiversais encore longtemps.

Je fermai les yeux et implorai la vie de m'indiquer la bonne voie à suivre. Au bout de quelques secondes, une vague d'amour enveloppa mon être entier. Une aura de lumière dorée commença à rayonner autour de moi, à prendre de l'expansion : un véritable cocon de protection. Je baignais en elle, le temps semblant figé, lorsqu'une autre source lumineuse, provenant cette fois-ci de mon cœur, se dirigea vers le faîte de la montagne, tel un pont dressé entre lui et moi.

Je restai ainsi dans une grande quiétude, dans un silence libre de pensées et un haut niveau de conscience durant un temps indéfini. Puis, le faisceau s'éteignit doucement.

Je connaissais maintenant les gestes à poser… Ne venais-je pas d'avoir la démonstration qu'il était en mon pouvoir de franchir cet obstacle avec succès ? Qu'il s'agissait là de la seule et unique façon d'atteindre mon but et de sauver Roy ?

Les dernières lueurs de l'astre du jour disparurent, me livrant à la nuit noire…

En revenant à moi, je me trouvais toujours près de la porte, dans la plus complète hébétude. Ma vision venait de m'apporter un certain espoir.

Samuel ! Il sait quelque chose. Je dois lui parler de toute urgence…

Me ressaisissant, je sortis en coup de vent. Dans l'allée, j'aperçus son véhicule en marche, la portière du passager ouverte.

Je me hâtai vers la jeep. En embarquant à ses côtés, je m'entendis lui dire :

« Allons-y !

– Où ?

– À Katmandu. »

Une lumière revint l'illuminer. Un sourire mystérieux flottait sur ses lèvres.

« Apporter tes bagages me semblerait une bonne idée, à ce moment-ci, non ? » lança-t-il avec un brin d'humour dans la voix.

« Euh… Oui. Bien sûr. »

Sans autre mot, je filai vers la chambre, j'ouvris ma valise et je commençai à y ranger mon linge ainsi que mes effets personnels, dans le désordre le plus complet.

Il le savait. Il savait très bien que ce voyage aurait lieu… Qui donc est Samuel Flores ?

⁂

Par une nuit d'encre, le Piper Cub jaune prit son envol. La lune, souriant à peine de côté, sur un fond de noirceur, tenait compagnie à quelques étoiles marquetant çà et là le ciel.

« Samuel, est-ce vraiment nécessaire d'aller à Katmandu, pour cette "fameuse" étape ?

– Tu sauras me le dire un de ces jours, Marisha. En ce qui me concerne, ça ne fait aucun doute. Là, nous nous rendons à l'aéroport de Seattle. Un ami, Michaël, nous attend avec son Bonanza. Nous ne pouvons traverser le Pacifique dans mon avion. Il y a quand même 6957 milles de distance jusqu'à Katmandu et cet appareil est un peu fatigué ! De plus, une grande quantité de carburant est nécessaire pour ce voyage.

– Oh là ! 6957 milles de distance ! Une petite "trotte" ! Aurons-nous suffisamment de combustible avec l'autre appareil ?

– Dans un avion Bonanza, il y a ce qu'on appelle des "réservoirs de saumon d'aile" dans lesquels le carburant est emmagasiné. De plus, nous aurons deux réservoirs supplémentaires, sans compter des escales prévues pendant le trajet. L'organisation du plan de vol a été effectuée par mon ami aviateur.

– Est-ce lui qui conduira l'appareil ?

– Non. Nous partirons seulement toi et moi. Ça te va ?

– Aucune objection.

– Soit dit en passant, ce voyage est à mes frais.

– Quoi ! C'est insensé ! Es-tu certain ?

– On ne peut plus.

– À quoi te sert ce périple, Samuel, pour investir autant d'énergie, de temps et d'argent ?

– À t'aider...

– M'aider ? Mais à quoi ? Quel sera ton gain ?

– Mon gain, s'il me faut en avoir un, c'est de te savoir en harmonie avec cette vision qui habite tes jours et tes nuits. De plus, je veux te donner un coup de pouce pour te permettre de la comprendre et de mieux vivre avec ce genre de manifestation par la suite.

– N'empêche, dans mon livre à moi, ce n'est pas normal que l'aspect financier soit totalement à ta charge.

– Dans le mien, il n'y a pas de calculatrice. Je ne te proposerais pas cette aventure si je ne pouvais l'assumer et la réaliser. Il s'agit de mon initiative, à laquelle tu as donné ton accord, certes à contrecœur au début... et avec appréhension, en ce moment. Mais l'important c'est que tu sois là, désireuse d'aller de l'avant. Marisha, tu peux encore refuser de prendre part à ce voyage puisque le décollage du Bonanza aura lieu dans une heure.

– Je ne changerai pas d'avis, Samuel. Est-ce que je peux tout de même te dire que... oui, ça tremble en moi ?

– Respire tout doux, Marisha.

– Ah oui ! J'avais oublié...

– Aucun oiseau ne vole et ne dépasse ses limites sans effort, sans respirer, sans avoir un but, même si ce n'est que de glisser sur la peau du vent. Sors tes ailes de confiance. Respire profondément et garde le cap. Je ne t'abandonnerai pas, peu importe ce qui arrivera...

– Merci, Samuel », fis-je, la voix brisée par une soudaine tristesse.

Jamais personne ne m'avait parlé avec autant de douceur. Jamais personne ne s'était soucié de mon bien-être avec autant de gentillesse et de bonté. Allait-il, comme bien d'autres, m'abandonner en cours de route après m'avoir fait miroiter le sentiment d'avoir du prix à ses yeux ?

Malgré la nuit venue, la chaleur de l'après-midi emmagasinée dans l'habitacle apportait une sorte de couverture bienfaisante à mon être troublé.

« Marisha, ce que je vais te dire est d'une importance capitale.

– Je t'écoute, Samuel, dis-je encore bouleversée.

– Nous avons échangé beaucoup, ces derniers jours. Nous avons tenté de répondre aux grands "pourquoi" et aux mystères de la vie. Je peux te résumer nos conversations en deux mots que tu connais bien, maintenant.

– Lesquels ?

– Respiration et amour.

– Tous les livres de croissance prônent cela, Samuel.

– Oui, mais qui les exerce vraiment ?

– Une minorité.

– Bonne réponse. Tu as besoin de ces deux moyens pour passer à une nouvelle étape. Si, en toute circonstance, nous pouvions nous rappeler qu'ils sont essentiels pour franchir les situations adverses, nous éviterions bien des avaries. Dès qu'une émotion négative s'installe, la respiration devient moins profonde, plus saccadée. L'anxiété peut alors monter de quelques crans...

– Pour ma part, difficile de respirer lentement en toute circonstance. Mon système nerveux autonome a de ces contrôles sur moi...

– Un vieux proverbe dit : "On ne peut pas mettre le vent en cage." Bien sûr, il ne s'agit pas d'encabaner l'émotion, de l'étouffer, mais de la calmer, de l'apprivoiser et d'en faire une alliée.

– Même si respirer est une action automatique, j'ai l'impression que mon souffle n'est qu'en surface et irrégulier. Comment puis-je changer cela ?

– Entre autres, en apprenant à détendre ton corps, en détectant la pensée ou le stress qui précède la venue de ta respiration saccadée. »

Il me sourit en me voyant prendre de profondes respirations.

Je lui racontai finalement la dernière séquence de ma vision vécue sur le pas de sa porte. Il ne broncha pas d'un iota, m'écoutant avec attention.

« Cette lumière "vue" dans la montagne… c'est ça, l'amour ?, lui demandai-je.

– Certainement une de ses manifestations.

– Samuel, pour moi, reconnaître l'amour dans une vision, à la limite, c'est concevable… Par contre, difficile pour moi de déverser de l'amour sur une personne, avoir de bonnes pensées pour elle, si elle me méprise et se joue de moi.

– Tu souffres ?

– Bien entendu que je souffre ! De plus, ça me rend terriblement malheureuse, au point de croire qu'il n'y a pas de justice sur la terre.

– Ça, je ne le nie pas. Néanmoins, peu importe la situation, il y a deux personnes qui se disent victimes – chacune prônant son innocence à grand renfort de preuves. L'impasse peut durer longtemps, et même, avec le temps, alimenter les doutes, les suspicions et même les haines.

– Y a-t-il une porte de sortie ? »

Il se tourna vers moi, me regarda étrangement et demeura songeur.

« Marisha, j'admire ta propension à ne pas te replier dans une attitude défensive et à ne pas argumenter indéfiniment. Même si tu es blessée, à tort ou à raison, tu restes ouverte à d'autres options pour régler un conflit.

– Tu tombes sur mon bon jour.

– Bien sûr…

– Alors, quelle est cette fameuse solution, Samuel ?

– Aller au-delà du: "j'ai raison et elle a tort" et du "elle a raison et j'ai tort". L'idée n'est pas de s'ériger en juge et de faire le procès de l'autre, car l'emprise entre les deux personnes se resserrera et finira dans des guerres de tranchées. Chacune se dira victime de l'autre, de ses possibles affabulations, mais tout en poursuivant ses attaques ou ses défenses, à moins de tomber carrément dans l'indifférence ou le repliement dans la douleur. Rappelle-toi que rien ne se délie sans l'apport de l'amour. La première solution: revenir en soi, respirer tout doux et se rappeler qu'on est lié à l'autre par la haine ou par l'amour. La deuxième: s'ouvrir à une autre possibilité au lieu de s'embourber dans de sempiternels reproches. Mieux vaut dessiner un espace où le dialogue sera possible que de rester sur ses positions. Petit à petit, les nœuds se dénoueront et la vie reprendra peu à peu sa "respiration"… »

Samuel cessa net de parler.

« Oh !

– Qu'est-ce qu'il y a ? demandai-je, surprise.

– Le vent tourne…

– Que veux-tu dire ?

– Nous aurons peut-être quelques secousses durant notre voyage. Rien de tragique. Regarde, c'est l'aéroport de Seattle, au loin. Nous atterrirons dans quelques minutes. »

Tout se déroula rapidement par la suite. Nous transférâmes nos bagages et embarquâmes dans le Bonanza de son ami, un type charmant, qui repartit aussitôt avec le Piper Cub de Samuel.

Quinze minutes plus tard, notre avion s'enfonçait dans le ciel orageux. Effectivement, pendant ce long voyage il y eut des bourrasques, des turbulences, des escales dans quelques aéroports, mais je m'en souviens très peu. On aurait dit que j'étais droguée, incapable d'ouvrir les yeux, de parler. Dans mon sommeil agité, je traversais un blizzard, je me déplaçais avec des sherpas et des moines, je voyais des mots sanskrits danser devant moi :

ॐ भूर्भुवः स्वः ।
तत् सवितुर्वरेण्यं ।
भर्गो देवस्य धीमहि ।
धियो यो नः प्रचोदयात् ॥

Parfois, je m'extirpais quelques minutes de mes brumes, avant d'y pénétrer de nouveau. Durant une de mes éclaircies, je me demandai si je n'avais pas contracté une fois de plus le zona. Cette maladie infectieuse m'avait littéralement terrassée lors d'un périple à Londres, l'année précédente. Au cours des cinq jours qui suivirent mon arrivée en Angleterre, je dormis vingt-trois heures sur vingt-quatre. Mes hôtes avaient présumé que je souffrais d'un grand épuisement peut-être même d'une possible mononucléose. Je ne savais pas que le virus de la varicelle – dont le zona tire son origine – se frayait un chemin dans mon corps. Je me croyais simplement vannée, lessivée, claquée… Quand de petites éruptions de vésicules apparurent dans le bas de mon dos, à droite, accompagnées de sensations douloureuses de brûlure, je consultai le premier médecin disponible.

« Vous avez le zona, ma p'tite dame. La douleur est intense et pourra durer des mois après la disparition des boutons. Les nerfs sensitifs à cet endroit ont été touchés. Il est trop tard pour les antibiotiques, il aurait mieux valu les prendre aux premiers signes de la maladie. »

Comment aurai-je su qu'il s'agissait du zona ? Ah ! Des fois…

« Merci, monsieur. »

Impossible pour moi d'évaluer le temps qui s'écoula entre notre départ et notre arrivée à Katmandu. Lorsque je me réveillai, à ma grande surprise, j'étais étendue dans un lit rigide et envahie par des odeurs d'encens. J'éprouvai une violente nausée. Une vieille dame, vêtue d'un pantalon rapiécé et d'une blouse en coton très ample, marmonnait des prières dans une langue étrangère. Son visage, penché vers l'avant, restait caché derrière un chapeau de paille au large rebord. Je lui demandai où se trouvait Samuel Flores. Elle me répondit sans relever la tête :

« Il viendra. Il viendra. Dors encore. »

Sans résister à cette injonction, je m'enfonçai dans les rêves.

Sur une montagne à pic, j'étais clouée sur place, incapable de monter ni de descendre. Du sang…, il y avait du sang PARTOUT. Une panique ancienne m'assaillit... Ma respiration… Respire tout doux, Marisha...

« Madame, madame, réveille-toi ! »

J'entendis une voix lointaine me tirer vers elle… La brume continuait de m'envelopper : moite, étouffante…

« Madame, madame, réveille-toi ! »

Mes yeux s'ouvrirent péniblement sur la femme à la tête toujours penchée vers le sol.

Avant même d'avoir repris mes esprits, d'une voix très rauque, elle me lança des mots étranges :

« Chante. Chante. Chante encore… Sur le faîte de la montagne, tu échapperas aux griffes de la mort. Purifie ton cœur. Bientôt, tu traverseras le champ de la perception humaine, le grand miroir de l'illusion… Chante. Chante. Chante encore… »

Elle fit une pause avant d'ajouter :

« Tu vaincras. N'en doute jamais. L'impossible s'estompera devant ton abandon à la lumière. »

L'impossible, je lui avais fait la peau à plusieurs reprises, celui-là. Il ne régnait pas toujours en maître chez moi. J'avais accompli, contre toute attente, des exploits sans précédent dans ma vie… Ballottée par les lames de fond de mes épreuves, incapable d'abaisser la fièvre de mes souffrances, j'avais dû réapprendre à sourire, à regarder l'existence au-dessus de la surface de l'eau, à gonfler mon avenir de projets audacieux pour ne pas sombrer chaque fois dans un gouffre énorme. Que de fois ces questions posées en mon for intérieur : « Qui suis-je ? Qui est ce « moi » croyant comprendre la vie ? À quoi sert mon voyage sur la terre ? Pourquoi toutes ces difficultés pour ne retenir – au passage des expériences – que des joies passagères ? Je reprenais mon baluchon d'espoir, avançant toujours malgré les tourmentes, certaine d'une oasis de verdure au détour…

Je me tournai vers la fenêtre. Elle donnait sur une montagne enneigée.

L'Himalaya!!!

« S'il vous plaît, fis-je à l'adresse de la vieille femme. Où se trouve mon ami, Samuel Flores? Dites-le-moi, insistai-je, inquiète.

– Il viendra. Il viendra. Dors encore un peu. »

Je fermai les yeux, répétant en moi les paroles de la poète-devin:

« Chante. Chante. Chante encore… »

Je me relevai brusquement, prise d'angoisse.

Ces paroles… ces paroles… ne sont-elles pas celles que j'ai lues dans le livre du vieux monsieur grognon assis à côté de moi dans l'avion me menant à Seattle? Cette femme… Non, ça ne se peut pas!

« Et que feriez-vous, dit le Maître à la multitude, si Dieu vous parlait droit dans les yeux et disait : "JE VOUS COMMANDE D'ÊTRE HEUREUX DANS LE MONDE AUSSI LONGTEMPS QUE VOUS VIVREZ, que feriez-vous dans ce cas ?" »

Et la multitude demeura silencieuse ; pas une voix, pas un son ne s'élevèrent des pentes de collines, par-dessus la vallée où ils se tenaient.

Et le Maître dit au silence : "C'est en suivant le chemin de notre bonheur que nous recevons l'enseignement pour lequel nous avons choisi cette vie. Voilà ce que j'ai appris en ce jour, et j'ai choisi de vous laisser maintenant, pour que vous marchiez sur votre propre voie, selon ce qu'il vous plaira." »

Richard Bach,
Illusions ou Les aventures d'un Messie récalcitrant

Chapitre 14

*L*a vieille dame retira son énorme chapeau. Avec stupéfaction, j'aperçus mon voisin d'avion, celui-là même mort de frayeur durant les turbulences aériennes.

– « Que faites-vous là ?

– Je suis chez moi.

– Oh ! Désolée. »

Il ne semblait ni de bonne ni de mauvaise humeur.

« Tout de même, monsieur, dis-je, tremblante, avouez qu'il s'agit là d'une coïncidence inouïe.

– Qui parle de coïncidence ? »

Sa réponse me pétrifia un moment.

« Que voulez-vous dire ? »

Il ne dit mot, redoublant ses prières.

« S'il vous plaît, dites-moi ce qui se passe. Dites-moi où se trouve Samuel.

– Il est parti à la recherche de votre ami Roy. »

Il fit un geste de la main qui signifiait la fin de la conversation. Homme de peu de mots, sauf dans son livre, je compris que je ne retirerais plus grand-chose de lui. L'inquiétude s'enracina en moi, se trahissant par une chaleur intense, une rougeur sur le haut de mon corps et sur mes joues, une respiration sifflante et un cœur battant à grands coups dans ma poitrine. Sans trop saisir ce qui se passait, je me retrouvais à l'autre bout du monde, dans une vieille bicoque, en état de choc total, seule avec cet homme, à la fois « connu » et « inconnu », qui continuait de remâcher les mêmes mots dans une sorte de pieuse invocation. J'avais envie de basculer dans une vie parallèle pour changer la trame de l'histoire ou pour la rendre plus simple.

La porte s'ouvrit en trombe. Roy, suivi de Samuel, apparut, les joues rouges et le sourire aux lèvres. En les voyant tous les deux, surprise et émue, j'éclatai en pleurs.

« Dis donc, ma chère amie, tu as toute une mine ! »

J'étais incapable de répondre, trop prise que j'étais par l'émotion.

« Viens que je t'enlace. »

Malgré les témoins, je m'abandonnai à des larmes intarissables, dans ses bras.

« Ça va, ça va. Je suis là, Marisha. Tu n'as plus à t'inquiéter. »

Je continuai de pleurer comme une Madeleine. Tous attendirent en silence la fin de mon effusion. Je me dégageai doucement, reprenant mon souffle.

« Quand es-tu arrivée ici ? me demanda finalement Roy, au bout de notre longue étreinte.

– Samuel ne t'a rien dit ? fis-je en reniflant.

– Muet comme une carpe, le monsieur. Aphone ! Sans voix ! »

J'esquissai un sourire. Samuel ne bronchait pas davantage. Il me regardait tendrement. Roy poursuivit :

« Comme je suis content de te revoir, Marisha… Je ne peux rester longtemps, toutefois, j'ai loué une auto. Je t'en prie, viens avec moi. Nous passerons quelques jours dans une lamaserie. Là-bas, je te confierai un secret. De plus, nous avons tant à nous raconter… »

La tête me tourna. Que faire ? Je connaissais ce périple dans les moindres détails, sauf sa prémisse et son dénouement.

« Est-ce que Samuel peut venir avec nous ?

– Malheureusement, c'est impossible. Il n'y a que deux sièges dans la voiture.

– J'irai vous rejoindre en hélicoptère. Une compagnie en loue, ici, à Katmandu, annonça Samuel, sortant de son mutisme.

– Alors pourquoi ne pas tous nous y rendre par hélico ? demandai-je.

– Pour manquer tous les beaux sites ? rétorqua Roy. Pas question ! C'est très loin d'ici. À la dernière étape, nous devrons contourner une montagne satellite se dressant sur la route et la monter sur son versant nord par une route difficile d'accès et très escarpée. Le temple se trouve à mi-chemin de la cime. Je vais donner une copie du plan géographique à Samuel et nous nous retrouverons là-bas. Voilà ! »

Quand le destin est écrit, il est écrit… Tu auras beau le contourner Marisha, il reviendra s'accomplir d'une autre façon, mais il s'accomplira…

« J'ai chaud avec mon gros manteau, mes bottes, ma tuque, dit Roy. Je t'attends dehors, Marisha. Nous devons partir dans la prochaine heure. »

Lorsque la porte se referma derrière Roy, je me tournai vers Samuel, le cœur rongé par la peur. Malheureuse, je lui lançai :

« Pourquoi m'as-tu droguée ?

– Droguée ? »

L'étonnement lu sur son visage n'avait rien d'une feinte.

« Voyons, Marisha ! Je n'ai jamais drogué quiconque. Ton consentement à venir avec moi me suffisait, tu sais. Je n'ai pas osé interrompre ton sommeil, pendant le trajet, parce que tu me semblais très fatiguée. J'ai même pensé que tu combattais un virus quelconque. »

Tiens donc ! Lui aussi a eu cette pensée.

« Moi, j'ai cru à une récidive du zona, maladie contractée, mais résorbée il n'y a pas très longtemps. Une fatigue sans précédent m'avait totalement engourdie durant de longues semaines. À dire vrai, il y a eu tant d'événements avant mon arrivée ici, sans compter les visions... Tout cela a dû miner mes énergies. Je reconnais mon erreur de jugement, Samuel, et je m'excuse sincèrement d'avoir pensé que tu avais commis un tel délit. C'est impardonnable, après tout ce que tu as accompli pour moi !

– Tut ! Tut ! On n'en parle plus, à moins que tu y tiennes vraiment. Dans un contexte similaire, j'aurais sans doute pensé la même chose.»

Il se pencha vers moi et me serra à son tour dans ses bras. Mon cœur se découvrit un nouveau rythme et même des ailes.

Puis Samuel me tendit un gros sac.

« Dans un lacis de ruelles d'un quartier de Katmandu, j'ai déniché une superbe boutique exotique. Voici donc des vêtements d'hiver pour toi. Tu as tout ce dont tu as besoin pour arriver saine et sauve à la lamaserie. Par la pensée, je te soutiendrai, Marisha. Sois courageuse. N'oublie pas de te fier à ton intuition, à tes visions. Écoute ta voix intérieure. Tu auras des réponses. Souviens-toi également des deux éléments majeurs pour passer au travers des épreuves. Quels sont-ils ? Redis-les-moi.

– Respirer tout doux et se "brancher" sur l'amour...

– Très bien ! »

Je respirai tout de suite... Quelle perspective pénible d'aller vers son avenir, sachant d'avance les énormes embûches tapies dans les détours ! Puisqu'il ne pouvait en être autrement, il ne me restait plus qu'à le croiser et à le sceller, ce fameux destin !

※

Après avoir visité rapidement le *Durbar Square* au cœur du vieux Katmandu, passé devant l'ancien palais royal, *Hanuman Dhoka* et tourné autour du *temple Kasthamandap*, construit dans le bois d'un seul arbre, Roy décida de me montrer le *Boudhanath*.

« Il s'agit d'un des plus prestigieux stûpas du monde.

– Qu'est-ce qu'un stûpa ?

– C'est un monument commémoratif d'origine indienne. Celui-ci a été édifié sur un socle octogonal représentant un mandala géant. Les fidèles peuvent le parcourir à pied. À la base du dôme, au-dessus de ses trois terrasses, ils ont taillé cent-huit niches. Dans chacune d'elles se trouve une statue de Bouddha. L'assise même de la tour constitue le *harmika*: c'est-à-dire qui porte les yeux du Bouddha. »

Roy annonça que nous allions prendre la longue route vers la lamaserie.

Si tu savais à quel point, effectivement, elle s'éternisera…

« Qu'a-t-il de spécial, ce temple où nous allons? Nous aurions pu nous contenter de ceux de Katmandu.

– Il s'agit d'une petite lamaserie secrète dont l'accès est quasiment impossible pour quiconque tenterait de s'y rendre sans un plan précis et remis seulement à des personnes "choisies", après de longues prières.

– Quel est le nom de ce monastère bouddhique?

– Je ne peux te le révéler... Personne n'a le droit de le mentionner à haute voix. De plus, il faut avoir été convié par un grand lama pour être introduit dans ce lieu. Par bonheur, nous avons cette chance.

– Comment ça "nous"? Tu ne savais pas que je viendrais…

– Erreur! Ne m'as-tu pas demandé, dans ton dernier courriel, de t'attendre? Par contre, la voiture, je l'avais déjà louée. D'ailleurs, que voulais-tu me dire exactement? Ton message parlait d'urgence. »

Il ne me servait à rien de lui raconter ma vision à ce stade-ci. Je me tus pour éviter tout affolement.

Mine de rien, je me penchai un peu pour vérifier s'il portait le Kasâya sous son manteau. Impossible de le voir, il était trop long.

« Pourquoi cette lamaserie est-elle secrète? m'enquis-je, tout de même curieuse, évitant du coup de répondre à sa question.

– Pour des raisons politiques. Le 7 octobre 1950, l'armée populaire de libération chinoise a attaqué l'armée tibétaine dans l'est du Tibet.

La propagande de Pékin, pour intégrer le Tibet dans la République populaire de Chine, a alors commencé. Les Chinois l'ont appelée *la Libération pacifique du Tibet* tandis que le gouvernement tibétain en exil la nomma : *l'invasion du Tibet*. Cette opération militaire s'avérait inégale au départ puisque 8 500 hommes constituaient l'armée tibétaine, et que l'armée chinoise se chiffrait à 40 000 militaires. En 1959, une insurrection nationale contre les oppresseurs a été déclenchée pour libérer le Tibet. Selon l'estimation chinoise, près de 87 000 Tibétains ont été tués dans le seul Tibet central. Le Dalaï-lama, qui demandait une résistance non violente de son peuple, a dû fuir vers l'Inde, accompagné des membres de son gouvernement et de près de 80 000 Tibétains. L'exode, quoi !

– C'est terrible. Est-ce pour cette raison que ce temple a un emplacement quasi inaccessible, à la limite, invisible aux non-initiés ?

– Oui. Durant cette période, près de 6 000 temples et monastères ont été détruits. Comme si cela ne suffisait pas, leurs manuscrits ont été brûlés, des effigies de Bouddha et des statues sacrées ont été fracassées…, bref, leur patrimoine a été anéanti. Certains moines se sont donc sauvés dans les montagnes népalaises et ont formé un cercle secret. À cause de leur extrême sensibilité, ils ont développé des facultés psychiques étonnantes et effectué des avancées incroyables dans la compréhension des mondes subtils. Ils ont acquis une connaissance supérieure et désormais, ils vivent en parfaite liberté, accomplissant ce que de grands maîtres ont eux-mêmes réalisé avant eux, lors de leur passage sur terre. Ils sont même capables, en comprimant avec leur esprit, la 4e dimension : le temps, de rendre invisibles les lieux où ils résident, pour éviter représailles et châtiments.

– Quelle langue parlent ces religieux isolés de la société ?

– Puisqu'ils forment une petite communauté de trente-cinq moines, provenant de différentes régions du Tibet, on y retrouve autant le sanskrit, le lepcha, le manipuri, le mizo que le mandarin et l'anglais. Avant que je ne l'oublie, voici le plan pour nous rendre au monastère. »

Il tira un papier de sa poche gauche.

« Je te le donne, puisque tu seras ma copilote. Nous en aurons besoin, plus tard. »

Je le pris et le mis en sécurité dans mon sac à dos.

Détail à me souvenir, pensai-je.

« Question hors sujet, Roy : qui est ce vieil homme qui m'a hébergée ?

– Ah ! Akar… Il s'agit d'un voyant. D'un grand sage de la région. D'un chaman. Son nom, d'ailleurs, veut dire "cristal blanc". Mystérieux, peu parleur, mais un génie.

– Il était mon voisin de siège, dans l'avion.

– QUOI !

– Si, je te l'assure.

– Étrange coïncidence… »

Roy s'enferma quelques minutes dans un profond silence. Il ne revint pas sur le sujet, me parlant plutôt de la région, de ses habitants et de leur culture. Pendant ce temps, je me pâmais sur les rizières de la vallée Panchkhal défilant devant nous. Après avoir traversé Kodari, Roy se dirigea vers la frontière du Tibet. Les formalités remplies, nous reprîmes la route, passant au travers Zhangmu et Nyalam, aux vues spectaculaires. Roy me proposa une pause près de la grotte où Milapera – un maître de renom du bouddhisme tibétain – trouva l'illumination.

« Ce grand yogi, philosophe et poète, m'expliqua-t-il, s'est isolé pendant de nombreuses années dans cet abri-sous-roche.

– Quel était son but ?

– Maîtriser les transmissions reçues de son maître, Marpa. Il se nourrissait d'orties sauvages et ne portait que de minces vêtements de coton. Son nom signifie d'ailleurs : yogi vêtu de coton. »

Nous nous arrêtâmes à cet endroit et nous cassâmes la croûte en silence devant la splendide vallée entourée de montagnes.

Après notre repas, nous reprîmes la route et Roy roula ensuite longuement sur des surfaces enneigées et glacées. Je m'endormis, de nouveau,
épuisée... Je ne sais trop combien de temps s'écoula avant qu'un terrible
choc me réveille en sursaut.

L'automobile venait de glisser sur la chaussée et de se déporter sur la
droite, avant d'aller frapper violemment une paroi rocheuse. J'en sortis
ébranlée, mais indemne. Je tentai d'avancer par la gauche. Un amoncellement
de neige bloquait mon chemin. Je contournai le véhicule. Je pressentais que
Roy, expulsé avec force de l'auto sous l'impact, nécessitait des soins immédiats.
Par une chance inouïe, une voiture passerait dans cette région isolée, inhabitée.
Néanmoins, j'en doutais fortement...

La vision initiale se déroulait, là, sous mes yeux. Elle se poursuivit exactement dans les moindres détails, jusqu'au moment de me retrouver devant
la montagne satellite : mur d'apparence infranchissable.

Je me questionnai, anxieuse : quelle décision dois-je prendre ? Revenir
sur mes pas, ou essayer de la gravir ?

Je me rappelai le plan inséré dans mon sac à dos. Je le sortis et regardai
le mince papier. Des indications avaient été inscrites... en tibétain. Quelle
déveine ! Heureusement, il s'accompagnait d'un plan visuel permettant de
situer les environs. Celui qui l'avait dessiné n'avait certainement pas pensé
que des bourrasques de neige auraient effacé les repères.

Une marque dans une anfractuosité devait préciser la place où monter. Je
cherchai fébrilement le fameux signe, en nettoyant la surface gelée à l'endroit
spécifié. Je poussai un soupir de soulagement, à la découverte d'un indice sur la
paroi : une flèche pointant le lieu de l'ascension. Je repérai l'emplacement grâce
à la forme bizarroïde de cette partie de rocher. Sans plus tarder, je commençai
mon ascension.

Au bout de quinze minutes, non seulement la paroi enneigée et verglacée
devenait très risquée, mais sa cloison verticale à plus de 90° la rendait dif-
ficilement praticable sans équipements. Je n'avais pas de corde ni de sangle
ni de matériaux de connexion : mousquetons, dégaines, baudrier, vis à glace,
cordages, descendeur en huit au cas d'un retour obligé en rappel...

À l'angoisse vint se greffer le souvenir traumatique de ma chute en escalade, lors de mon adolescence. Ma progression se poursuivit plus lentement, nerveusement, avec plus d'hésitations.

Soudain arriva l'inévitable… Un des séracs – amas de glace se formant aux ruptures de pente – céda sous un de mes pieds. Incapable de m'agripper davantage, je tombai quelques mètres plus bas, sur un surplomb glacé. Avais-je été écorchée par une roche pointue en chutant de la paroi ? Du sang s'écoulait de moi…, tachant la neige, à ma droite. Elle devenait rouge…

ROUGE !

Une peur abyssale m'envahit… Je perdis connaissance.

Je ne sais combien de temps je restai ainsi : une minute, deux minutes, cinq minutes ? Sûrement pas plus, car le froid insinuant m'aurait dangereusement affaiblie.

Je me relevai avec peine, regardant le sang répandu autour de moi. Pourtant, je n'avais mal nulle part. Par chance, je n'étais pas tombée jusqu'en bas de la montagne.

Je repris le plan et l'examinai attentivement. Je sursautai. Pourquoi n'avais-je pas vu qu'il indiquait une autre voie, après les dix premières minutes de montée ? Je suivis les instructions et me dépêchai de poursuivre mon escalade, cette fois-ci au bon endroit.

Vingt minutes plus tard, exténuée, je me mis à trembler d'effroi devant l'impasse…

Mon Dieu ! Je ne peux plus avancer… Je ne peux plus reculer. Que faire ? Et ce sang qui continue de couler…

Respire tout doux. Ne laisse pas le passé t'envahir. Pense à l'amour, Marisha.

Oui, mais COMMENT ?

Je fixai la paroi comme si elle pouvait m'apporter une réponse, un quelconque réconfort. Tout à coup, je crus rêver… Une partie rocheuse, plus en saillie, s'illuminait devant mes yeux éblouis.

Comble de l'inpensable, j'entendis la voix de Julie-Anne s'élever en moi...

Je sursautai.

« *Bonjour, Marisha !* »

Je suis folle. Une voix me parle !

« *N'aie pas peur.*

– *Qu'est-ce qui se passe ? Pourquoi cette lumière ? Pourquoi je t'entends dans ma tête ? Où es-tu ? J'hallucine, c'est ça ?* »

Elle ne répondit pas.

– *Qui es-tu, Julie-Anne ?*

– *Je suis TOI.*

– *QUOI ! Qu'est-ce que tu racontes ?*

– *Reste dans la lumière, Marisha. Je suis l'enfant en toi qui n'a jamais été aimée comme il se doit, qui n'a jamais pu vivre ses rêves de devenir aviatrice et même, marin des hautes mers, psychologue, chanteuse... Voilà pourquoi chaque jour de ta vie, je te poursuis pour que tu m'entendes, pour que tu me comprennes, pour que tu n'oublies jamais que les rêves d'une petite fille peuvent se réaliser à n'importe quel âge et à n'importe quel moment. Toi seule peux faire le choix.* »

Des larmes se mirent à rouler sur mes joues. Je vis alors apparaître Julie-Anne à ma droite, sur le surplomb, vêtue d'une petite robe au rebord en dentelle... Autour de son cou, mon foulard rose, échappé au café Second Cup de la rue Monkland.

« *Tu n'as pas froid, petite ?*

– *Non. Nous sommes dans une autre dimension où il n'y a pas de température, où le temps n'existe pas.* »

Je la regardai plus attentivement. Elle me ressemblait... Mon cœur fut ému au-delà de toute mesure, de toute compréhension humaine. Pourquoi n'avais-je pas constaté cette similitude, à Montréal ?

Je réalisai soudain l'improbabilité de cette fameuse rencontre.

« On ne s'est pas vues, au Second Cup, n'est-ce pas ?

– Oui, nous nous sommes bel et bien rencontrées…

– Alors, était-ce dans une vie parallèle ?

– Fort probable.

– Je suis estomaquée. Suis-je en train de perdre la raison ?

– Non.

– Julie-Anne, le temps presse… Roy est en danger de mort. Comment puis-je me rendre à la lamaserie ? J'ai besoin d'aide pour parvenir à bon port. Je suis blessée, épuisée, je n'en peux plus. S'il te plaît, aide-moi.

– Fais confiance à ton intuition, Marisha. Utilise tes dons et tes forces intérieures. Reste dans l'espace de l'amour. La lumière guidera ton chemin. Évite de sombrer dans les peurs. Elles éteindront ta lumière. »

Comment une enfant pouvait-elle prononcer des paroles si sages ?

Julie-Anne sortit de sa poche un « autre » biplan bleu. Je sursautai. Le souvenir qui me fuyait, lorsque je cherchais à m'en approcher, me revint soudain avec une clarté étonnante.

« Je me rappelle ! C'était le MIEN, mon biplan ! Je l'avais perdu…

– Ne repousse jamais tes rêves du revers de la main, Marisha… Garde chacun d'eux précieusement dans ton cœur jusqu'à leur réalisation. »

Silence.

« Pourquoi ne portes-tu pas mon nom ?

– Je porte notre deuxième nom inscrit sur l'extrait de baptême. Maintenant, le temps est venu, va sauver Roy. Ensuite, accomplissons "notre" destin. »

Puis, elle disparut en un instant. Je regardai ma montre. Le temps ne s'était pas écoulé.

Je recommençai mon escalade, le cœur ému de cette rencontre. Ou bien j'hallucinais, ou bien je vivais quelque chose d'insensé, ou bien je transcendais des frontières invisibles… La lumière n'avait pas été altérée par son départ et me guidait dans chacun de mes gestes.

Soudain, une pensée de peur m'envahit... La lumière s'éteignit aussitôt autour de moi.

Nooooooooooooooooooon !

Je paniquai jusqu'à ce que les paroles de Samuel, de Julie-Anne et du vieux monsieur me revinrent en tête :

« Respire tout doux. Aime. Fais confiance. Chante. »

Que pouvais-je bien fredonner ? Rien ne me traversait l'esprit. Soudain émergea de moi un hymne entraînant, heureux. Des sons inconnus surgirent de moi et s'élevèrent dans la montagne. Plus je chantais, plus j'avais l'impression d'anges voltigeant autour de moi. La légèreté reprenait vie dans mes cellules. À ma grande surprise, au bout d'un moment, la lumière se manifesta de nouveau, effaçant mes peurs et ma solitude. Plus elle s'intensifiait et plus je voyais les parois à escalader. Les cristaux de neige devenus étincelants donnaient à la montagne l'image d'un dôme « hors monde » ; d'un temple vivant, mais intemporel, pulsant dans d'étonnantes blancheurs.

Je me fis la réflexion que les moines n'avaient certainement pas choisi par hasard d'ériger leur santuaire au cœur de ce haut plateau. Énergie, silence, réclusion, altitude : tout servait à l'intériorisation.

J'entendis un bruit qui se transforma en grondements de plus en plus lointains, puis plus rien. Seulement le vent sifflant dans la montagne. Était-ce l'hélicoptère que Samuel avait loué à Katmandu ? La simple idée de sa présence dans les parages me rassura...

Une heure passa, dans une sorte de transe, à grimper, grimper, grimper toujours plus haut. Je prêtais attention aux bruits de la nuit, en quête d'indices, comme le son possible d'une cloche de lamaserie. Au bout d'une escalade très à pic, j'aperçus, avec une joie indescriptible, un monastère lové carrément dans une grotte, en-dessous d'un large et épais surplomb. Mon cœur fit plusieurs bonds. Après m'être hissée sur une plateforme aux dimensions impressionnantes, portée littéralement par l'espoir, je m'avançai vers un moine entouré lui aussi d'un halo de lumière et marchant sur un petit circuit. Il égrenait un mala en psalmodiant des prières inintelligibles. Quand il me vit, un franc sourire se dessina sur son visage. Il s'approcha, les mains tendues. Elles étaient chaudes, malgré le froid sévissant sur ce haut plateau. Pour être bien comprise, j'expliquai à ce tibétain, à grand renfort de gestes, l'accident, le lieu et la détresse de Roy.

Sans même répondre, il se sauva vers le monastère, moi à ses trousses.

Il réveilla et rassembla une équipe de moines. Dehors, ils se dirigèrent vers une jeep cachée sous une corniche rocheuse, à l'abri de tout regard humain. Un petit chemin raboteux et instable descendait vers le flanc de la montagne, sûrement pour aller rejoindre la route que Roy et moi aurions prise, n'eût été notre mésaventure. Le groupe partit vers l'endroit désigné, avec une pochette de premiers soins.

Quand leurs phares arrière disparurent dans la nuit, d'autres moines m'invitèrent dans leur temple. En silence, ils m'installèrent près d'un feu, un sourire permanent sur leurs lèvres. Je tremblais de la tête au pied, incapable d'articuler un seul mot. Ils m'offrirent un thé amer qui eut pour effet immédiat de réchauffer mes membres endoloris et de calmer ma tension, suite aux efforts mentaux et physiques fournis pendant mon ascension. L'un d'eux fronça les sourcils en voyant du sang sortir de mes blessures à un bras et à une jambe. Il s'empressa d'aller chercher des produits antiseptiques. Avec une grande douceur, il nettoya mes plaies, appliqua une crème verdâtre qui me fit sursauter de douleur, et ensuite mit des pansements.

Il me sourit, se pencha en avant les mains jointes. Tous les moines me quittèrent en silence.

Seule devant le feu crépitant, je pensai à Roy. Il s'en sortirait vivant. Même si son Kasâya n'avait pas empêché l'accident – pas plus d'ailleurs qu'il n'empêcherait les épreuves de la vie courante de survenir –, sa croyance investie dans le Kasâya l'avait sauvé. Sa foi en une force supérieure lui avait permis de voir au-delà des circonstances et de rassembler ses énergies afin de se battre pour sa survie. Oui, je le sentais dans mon cœur, il était faible, mais luttait toujours...

Je fermai les yeux. Courbaturée, fourbue, je plongeai dans le sommeil. Plusieurs rêves vinrent habiter ma nuit. L'un d'eux, très particulier, me propulsa au fond des siècles, dans une confrérie d'esséniens, quelque part dans une bourgade de Palestine. Sur une terre aride, je passais des heures à déchiffrer de vieux manuscrits mystérieux...

« [...] tu veux être libre de toutes les choses qui te tirent en arrière – la routine, l'autorité, l'ennui, la gravité. Ce que tu n'as pas encore compris, c'est que tu es déjà libre, et que tu l'as toujours été. »

Richard Bach,
Illusions ou Les aventures d'un Messie récalcitrant

Chapitre 15

*A*u petit matin, je reçus une rafale de rayons de soleil dans les yeux. On aurait dit que la lumière bougeait… Étrange.

Allongée sur un petit lit de camp, je me levai en prenant appui sur un bras. En regardant par la fenêtre, j'eus le souffle coupé. Devant moi s'étendait un paysage impressionnant de beauté. Des pics montagneux crevaient des brumes hivernales, s'imprégnaient de la lumière de l'aube, transformant leurs parois de cristaux en or. Cimes de félicité, de mystères, d'éternité…

Je respirai à pleins poumons comme pour emmagasiner dans toutes mes cellules, les magnificences de cette nature silencieuse.

Plusieurs thangkas – des peintures sur toile propres à la culture tibétaine –, dont Roy avait évoqué l'existence dans une première missive, étaient déroulées sur les murs, autour de moi. À ma gauche, un autel recouvert d'un tissu rouge accueillait une statue en bronze de Bouddha, devant laquelle trônaient sept petits bols : certains remplis d'eau, d'autres de riz. Au centre de certains d'entre eux se trouvaient soit une fleur, soit un bâton d'encens, soit des coquillages, soit une veilleuse… Un cierge, non loin, gardait la flamme allumée en permanence. En regardant la représentation de Bouddha, je ressentis la sagesse de son histoire transpercer le monde matériel. Elle venait me toucher, m'abreuver…

La pièce donnait sur un corridor. La porte du fond s'ouvrit et je vis Samuel l'emprunter, tout sourire.

« Salut, Marisha, lança-t-il, parvenu à ma hauteur.

– Bon matin, Samuel.

– *Tu as réussi la traversée du miroir…*

– *Tu ne peux dire mieux, pour le miroir. De glace, même ! Plutôt particulier ce genre de randonnée dans le Népal ! Une expérience rude, émotionnelle, éprouvante, mais combien enrichissante, transformante et mystique. J'aimerais que tu m'aides à comprendre tout cela… C'est gros !* »

Il se tira une petite chaise en bois, me semblant peu solide sur ses pattes, mais qui, malgré tout, ne céda pas sous son poids.

« *D'accord.* »

Je me redressai et m'appuyai contre le mur.

« *Globalement, il y a un monde qui obéit à des lois et un autre, à d'autres… lois. Les deux ont leurs raisons d'être, annonça Samuel.*

– *Ça te dirait d'élaborer un peu plus ?*

– *Puisque tu insistes, chère Marisha, je m'exécute. D'abord, il y a le monde dans lequel on vit, celui régi par les illusions, les rêves et les émotions. C'est le lieu du quotidien, de nos interrogations sur la température, sur la politique, sur les dernières nouveautés scientifiques, technologiques, musicales, littéraires… C'est le métro-boulot-dodoécole-devoirs-activités-désirs-rencontres-projets-vacances-épicerie… C'est aussi la famille, les amis, les collègues, les médecins, le dentiste, le psychologue… Le lieu de prédilection de la peur, de la honte, de la culpabilité, du mensonge, du déni, des blessures, des contrôles, des croyances, des enjolivements de la réalité, des limites… Malheureusement, l'illusion subjugue le monde et produit les pires cauchemars. En quelque sorte, nous sommes prisonniers de nos croyances, incapables de nous relier à cet enfant que nous avons été. Quand nous sommes au service des illusions, nous demeurons dans la confusion et passons à côté de cette lumière qui flamboie en nous. Pourtant, avec cet éclairage, il est plus facile de faire le passage de la haine à la gratitude, de la peur à l'amour. Nos illusions nous privent de notre paix.*

– *Quel est l'autre monde ?*

– Je reprendrai simplement une phrase du Petit Prince de Saint-Exupéry pour te parler de cet autre monde : *"On ne voit bien qu'avec le cœur, l'essentiel est invisible pour les yeux."* Pour moi, "l'autre" monde demande une vision différente. C'est le monde de la transformation. Quand je regarde en moi, je vois les peurs et les illusions dominer mon univers. Quand je regarde les êtres humains, je me rends compte qu'à la base, nous sommes semblables : blessés à différents niveaux et à diverses intensités, donc compulsifs à trouver le bonheur... Qu'en penses-tu, Marisha ?

– En effet, ajoutai-je, nous déployons beaucoup d'efforts pour parvenir à ce moment de brièveté, peu importe la façon de l'obtenir, sans nous demander si nous faisons bonne ou faute route. Chaque "petit bonheur ramassé sur le bord du fossé" – pour reprendre à ma manière, les paroles de feu Félix Leclerc, un de nos grands auteur-compositeur-interprète-poète du Québec – est important. On ne va certainement pas cracher sur des moments de joie. Ils sont les vecteurs d'autres beaucoup plus grands.

– Tu as raison. Bravo, Marisha ! »

Je souris, gênée.

« Par contre, très chère, pourquoi ne pas s'en servir comme marchepieds pour entreprendre la quête vers l'authenticité ?

– Intéressant, Samuel. Et comment évoluons-nous dans ce monde ?

– Tu me fais rire avec tes questions surprenantes. Comme si tu ne le savais pas !

– J'insiste, je veux l'entendre de ta bouche, toi, le grand sage...

– Tu es sage, également, Marisha !

– J'ai encore des croûtes à manger... Et je doute de le devenir...

– Seules les illusions ont besoin de se défendre.

– Oh ! C'est fort ça, Samuel !

– Et surtout vrai.

– Tu as bien plus à m'apprendre que moi j'ai à t'offrir...

– On revint à la comparaison, Marisha. Pourquoi ne pas récupérer ton pouvoir ? Soulève simplement le voile du possible. Ouvre les fenêtres de ton esprit et ensuite, laisse émerger de toi les mots non soumis à ta censure. Laisse "être" la sagesse que tu portes en toi. Au fil du temps, elle s'affinera, se précisera…

– Tu as raison, Samuel. O.K., je respire tout doux… Donc, cet autre niveau… Tu disais ?

– En effet ! C'est celui de la vie intérieure. Je le considère un entre-deux-mondes. Dans ce lieu unique, on ne vit plus seulement dans l'hypnose du quotidien. On s'arrête. On s'interroge sur nos vicissitudes, sur nos relations, sur nos conflits… L'heure du choix et des accomplissements a sonné. Dans cet espace, nous nous détournons de nos errances insensées pour affronter nos peurs, nos obstacles, nos épreuves… N'est-ce pas ce que tu as fait sur une route enneigée de l'Himalaya et sur une paroi rocheuse ?

– C'est vrai. Si je n'avais pas fait une incursion en moi, je serais morte. Je le dis avec une certitude inébranlable. Par contre, il y a aussi un moment où il faut considérer les facteurs extérieurs, les voir dans leur complète réalité, sans échappatoire, afin de pouvoir prendre les mesures nécessaires pour gérer une situation.

– Tu n'as pas négligé d'entrer en toi, dans ce processus, par contre…

– Évidemment, sur une paroi rocheuse, balancée entre la vie et la mort, il n'était pas question de commencer à analyser mes comportements, mes actions, mes réflexes, mes pensées, mes croyances et de résoudre l'énigme de mon "moi". Chaque chose en son temps. Mais l'urgence me dictait l'importance de ne pas prendre une ou de mauvaises décisions, alors la meilleure solution a été effectivement de tourner mes yeux vers l'intérieur, vers mon intuition, vers ma connaissance intime, mais sans tomber dans l'analyse. De là… je te l'assure, arrivent des réponses plus calmes, plus justes et même inouïes.

– Ce qui m'amène, Marisha, à te parler du dernier niveau, celui du monde plus subtil. Il se trouve en avant, en arrière, en dessous, au-dessus et au-delà des apparences. Les chamans des tribus amérindiennes, les grands guérisseurs et les illustres maîtres vont puiser dans ce lieu pour *y rapporter des informations impossibles à obtenir dans les mondes aux vibrations plus basses.*

– Est-ce dans les hautes sphères spirituelles que se niche la liberté de l'être ?

– En tout cas, sûrement pas dans la cocaïne, dans la bière et dans les orgies. Elle repose pour sûr dans la paix et l'amour. Dans les moments de détresse, vers qui se tourner sinon vers la partie sage en soi, la partie aimante ? Il n'y a pas de hiérarchie dans l'amour. Le vrai, il va de soi. Celui-là n'a pas de faux-semblants. Il ne projette pas.

– Qu'est-il ?

– L'amour est un état, un niveau de conscience. Plus besoin de chercher la connaissance à droite et à gauche, puisqu'elle s'avère une expérimentation réelle, directe, dans le présent...

– Captivant, Samuel. Continue, je t'en prie.

– Un individu ne commence à vivre vraiment qu'en s'élevant au-dessus des limites étroites de ses préoccupations personnelles, disait Martin Luther King. Sans cette élévation, il navigue souvent à la dérive dans ses discontinuités, dans ses discours chaotiques, dans ses blessures, dans ses peurs... Voilà. Maintenant, à toi, Marisha, de répondre à mes questions.

– D'accord.

– Qu'en est-il de la réalité ?

– Très simple Samuel. Elle s'apparente à la tienne, parce que nous ne sommes pas séparés, même si nos expériences diffèrent et que tu ne seras jamais moi.

– Intéressant. Et quelle est ta réalité ?

– Elle est faite de peurs, d'illusions, d'émotions, de projections, de souffrances, de prisons intérieures... Mais aussi, et heureusement, de grandes capacités de transformation, de joie, de rêves... Bref, ma réalité est une source constante d'apprentissages et surtout, un lieu où mes visions peuvent être reconnues comme telles, peu importe ce que les autres en pensent, croient, imaginent...

– *Bravo ! Et les vies parallèles ?*

– *Qu'est-ce qu'elles ont, les vies parallèles, Samuel ?*

– *Elles existent ou non pour toi ?*

– *Bien sûr, mais je ne te dis pas où !*

– *Coquine, va !*

– *Je vais te confier un secret, Samuel.*

– *D'accord, je t'écoute…*

– *Je pense qu'on entre dans les vies parallèles par l'imaginaire. Elles sont accessibles seulement si on croit en elles. Sans cette ouverture d'esprit, on ne peut trouver la porte d'entrée pour y pénétrer. Cette nuit, alors que la noirceur régnait, j'ai franchi ce seuil. Et dans une vie parallèle, j'ai découvert de grands principes de vie.*

– *Veux-tu me les partager, Marisha ?*

– *Avec grand plaisir, même si j'ai l'impression d'une liste d'épicerie…*

– *Toutes les listes sont bonnes, tu sais, Marsha, car elles ont toutes un but ou des buts…*

– *Tu as raison, Samuel, alors la voici :*

Développe la vision panoramique de ton esprit.
Désamorce les médisances et les jugements malsains.
Ne verse pas dans la colère.
Ne sois pas captif de l'avoir au détriment de l'être.
Soigne tes blessures.
Libère ta parole.
Lave tes émotions sombres et négatives.
Pardonne à temps et à contretemps, pardonne toujours.
Sois une vague d'amour pour ton prochain et toi-même.
Honore ta divinité intérieure.
Chante, danse, souris et dis OUI à l'amour.

– *Quel beau programme, Marisha !*

– Tout à fait, et à appliquer chaque jour de notre vie pour vivre pleinement…

– Alors, je commence à la seconde même.

– Merci, Samuel, merci pour ce voyage, hum… à tes frais… sans lequel j'aurais été privée de toutes ces compréhensions, de tous ces entendements. Tu ne pourras jamais jauger la valeur du cadeau que tu viens de me donner, celui d'un retour à une certaine paix que je n'hésiterai pas à entretenir et à accroître par des pensées heureuses et de bonnes actions. Le chemin, devant moi, est rempli de surprises et de défis. Je vais m'y engager avec plus de détermination. Mille mercis, Samuel!

– Ce fut un plaisir, Marisha, de te partager mes richesses intérieures.

– Changement d'à-propos, connaissais-tu le vieil homme, dans la maison de Katmandu?

– Ah! Akar…, répondit Samuel, d'un ton mystérieux. »

Il n'alla pas plus loin ni ce jour-là ni par la suite. Le mystère demeura entier.

Samuel me regarda avec une tendresse sans nom. Une lueur brilla au fond de ses prunelles. Il se pencha et tira de sa besace un paquet enveloppé dans du papier de soie.

« J'ai un autre cadeau pour toi, Marisha.

– Un cadeau? »

Il avait l'air bouleversé. Les larmes lui vinrent aux yeux.

« Que se passe-t-il, Samuel?

– Depuis longtemps, je veux offrir ce présent à la personne, non pas qui le méritera – ça n'a rien à voir – mais à celle qui, à mes yeux, sera particulière. Chaque fois que j'allais poser le geste, une nette hésitation m'arrêtait dans mon élan. Aujourd'hui, j'ai la certitude que ce présent te revient, qu'il t'est dévolu…

– Comment ça, Samuel?

– C'était écrit… »

À ces mots, une boule se logea dans ma gorge et une autre dans mon ventre. Peu importe ce que contenait cet emballage : par ces paroles, je venais de recevoir un souffle de vie. Dans mon esprit, j'étais peut-être encore la « fille de rien », mais lui, mon père spirituel, me ramenait à ma vraie valeur par ces simples mots : des mots porteurs d'amour et d'espoir. Devant moi s'ouvraient toutes les portes du possible.

« De quoi s'agit-il ? m'enquis-je, profondément émue. »

Il me le tendit.

Je l'ouvris et, à ma grande surprise, je vis une chemise d'homme en velours côtelé gris. Je regardai Samuel, ahurie.

« Marisha, je te donne ma "chemise d'écrivain", celle que je mettais avant de m'installer devant mon ordinateur pour écrire mes livres. Elle est désormais à toi. Même si je ne sais pas ce que tu écris, parce que je ne lis pas le français très facilement, je suis convaincu que ton âme te guidera dans les mots à dire et qu'une œuvre magnifique jaillira de ton imaginaire… Je le sais… »

Les larmes roulèrent doucement sur mes joues. Sans même nous consulter, nous nous sommes levés en même temps pour nous enlacer. Aussitôt, une grande lumière nous enveloppa. Plus rien n'existait sinon la proximité de nos âmes…

Au bout d'un temps ressemblant à l'éternité, nous nous sommes détachés l'un de l'autre. Pour la première fois, je regardai Samuel longuement dans les yeux, sans tenter de les baisser ou de fuir vers d'autres horizons, par peur d'être « vue » dans ma vulnérabilité.

« Tu as réussi la traversée, Marisha ! émit Samuel, la voix troublée.

– Moi, je ne te dirai jamais assez merci. »

Pendant un long moment, le silence régna. Je regardai cette chemise, symbole de mon désir de devenir «écrivaine de cœur ». Venant de cet homme m'ayant sauvé la vie à l'adolescence, ce présent m'insufflait un désir de création incroyable…

« Il y a une chose très importante que je ne t'ai pas dite, Samuel.

– Laquelle ?

– Quand je tais ma peur, que j'élève mes pensées et que je chante…, la lumière se propage en moi, autour et dans l'environnement. Plus je m'installe dans un espace d'amour, plus elle grandit… Maintenant, à mon tour de t'offrir une surprise.

– Une gerbe de lumières ?

– Ferme les yeux, s'il te plaît.

– D'accord.

– Vois-tu un petit biplan bleu dans le ciel ?

– Oui. Il est magnifique

– Il tire une banderole arborant le titre de mon prochain livre. Elle est entourée d'une belle lumière…

– Ah oui ? Peux-tu m'aider à le lire… je n'ai pas mes lunettes.

– LA CHEMISE DE L'ÉCRIVAIN. »

C'était écrit!